MÉTHODE ...
... L'ENSEIGNEMENT DES LANGUES
PAR L. SOMMER

EXERCICES

SUR L'ABRÉGÉ

DE

GRAMMAIRE FRANÇAISE

PAR A. CASTILLON

ANCIEN PROFESSEUR AU COLLÈGE SAINTE-BARBE

QUATRIÈME ÉDITION

PARIS
LIBRAIRIE HACHETTE ET Cⁱᵉ
BOULEVARD SAINT-GERMAIN, 79

X

22240

MÉTHODE UNIFORME

POUR L'ENSEIGNEMENT DES LANGUES

EXERCICES

SUR L'ABRÉGÉ

DE GRAMMAIRE FRANÇAISE

PARIS. — TYPOGRAPHIE LAHURE
Rue de Fleurus, 9

MÉTHODE UNIFORME
POUR L'ENSEIGNEMENT DES LANGUES
PAR E. SOMMER

EXERCICES

SUR L'ABRÉGÉ

DE

GRAMMAIRE FRANÇAISE

PAR A. CASTILLON

ANCIEN PROFESSEUR AU COLLÉGE SAINTE-BARBE

QUATRIÈME ÉDITION

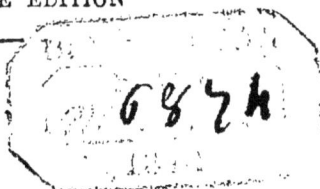

PARIS
LIBRAIRIE HACHETTE ET Cie
79, BOULEVARD SAINT-GERMAIN, 79
—
1872

EXERCICES

SUR L'ABRÉGÉ

DE GRAMMAIRE FRANÇAISE.

PREMIÈRE PARTIE.

ÉLÉMENTS DU LANGAGE.

CHAPITRE PREMIER.

EXERCICES SUR LE NOM.

§ 15-16.

1ᵉʳ Exercice.

angez sur deux colonnes les noms communs et les noms propres
donnés dans cet exercice, en mettant d'un côté les noms communs et de l'autre les noms propres.

Arbre. — Rivière. — France. — Paris. — Jardin. —
ruit. — Louis. — Angleterre. —Rhône. — Encrier. —
able. — André. — Fureur. — Prusse. — Amitié. —
onheur. — Tamise. — Étoffe. — Richesse. — Henri. —
ombat. — Vaisseau. — Afrique. — Jalousie. —
céanie. — Verre. — Léon. — Amiral. — Portugal. —
ouen. — Faute. — Lyon. — Asie.

2ᵉ Exercice.

Soulignez d'un trait simple les noms communs, et d'un double trait les noms propres qui se trouvent dans cet exercice.

I.

Ce qui donna dans l'Europe le plus d'éclat à Louis XIV, ce fut une libéralité qui n'avait point d'exemple. L'idée lui en vint d'un discours du duc de Saint-Aignan, qui lui conta que le duc de Richelieu avait envoyé des présents à quelques savants étrangers qui avaient fait son éloge. Le roi n'attendit pas qu'il fût loué ; mais, sûr de mériter de l'être, il recommanda à ses ministres Lyonne et Colbert de choisir un nombre de Français et d'étrangers, distingués dans la littérature, auxquels il donnerait des marques de sa générosité. Le bibliothécaire du Vatican, Allacci ; le comte Graziani, secrétaire d'État du duc de Modène ; le célèbre Viviani, mathématicien du duc de Florence ; Vossius, l'historiographe des Provinces-Unies ; l'illustre mathématicien Huygens ; un résident hollandais en Suède, enfin jusqu'à des professeurs d'Altorf et de Helmstadt, villes presque inconnues des Français, furent étonnés de recevoir des lettres de M. Colbert, par lesquelles il leur mandait que, si le roi n'était pas leur souverain, il les priait d'agréer qu'il fût leur bienfaiteur.

II.

Parmi les Français, on sut distinguer Racine, Quinault, Fléchier, depuis évêque de Nîmes, encore fort jeune : ils eurent des présents. Il est vrai que Chapelain et Cotin eurent des pensions ; mais c'était principalement Chapelain que le ministre Colbert avait consulté. Ces deux hommes, d'ailleurs si décriés pour la poésie, n'étaient pas sans mérite. Personne en France n'eut plus de réputation, de son temps, que Ronsard et Chapelain. C'est qu'on était barbare dans le temps de Ronsard, et qu'à peine on sortait de la barbarie dans celui de Chapelain.

3ᵉ Exercice.

Faites le même travail que sur l'exercice précédent.

Le prince d'Orange ne fut pas plus heureux en Flandre que le duc de Lorraine en Allemagne. Non-seulement il fut obligé de lever le siége de Maestricht et de Charleroi; mais, après avoir laissé tomber Condé, Bouchain et Valenciennes, sous la puissance de Louis XIV, il perdit la bataille du Mont-Cassel, en voulant secourir Saint-Omer. Tant de villes prises, tant de combats gagnés en Flandre et en Allemagne, n'étaient pas les seuls succès de Louis XIV dans cette guerre. Le comte de Schomberg et le maréchal de Navailles battaient les Espagnols dans le Lampourdan, au pied des Pyrénées. On les attaquait jusque dans la Sicile. La Sicile, depuis le temps des tyrans de Syracuse, sous lesquels au moins elle avait été comptée pour quelque chose dans le monde, a toujours été subjuguée par des étrangers; asservie successivement aux Romains, aux Vandales, aux Arabes, aux Normands, sous le vasselage des papes, aux Français, aux Allemands, aux Espagnols, haïssant presque toujours ses maîtres, se révoltant contre eux, sans faire de véritables efforts dignes de la liberté, et excitant continuellement des séditions pour changer de chaînes.

OBSERVATION.

L'élève indiquera par lui-même un certain nombre de noms communs et de noms propres qu'il rangera sur deux colonnes, en mettant d'un côté les noms communs et de l'autre les noms propres.

LE GENRE DANS LES NOMS.

§ 17-18.

4ᵉ Exercice.

Rangez sur deux colonnes les noms communs donnés dans cet exercice, en mettant d'un côté les noms masculins et de l'autre les
noms féminins.

Tonneau. — Bouteille. — Oiseau. — Coq. — Tigre. —
Oie — Grammaire. — Voie. — Locomotive. — Fer. —
Pays. — Été. — Campagne. — Pluie. — Colonne. —
Malheur. — Larme. — Abondance. — Agneau. —
Alouette. — Reine. — Magistrat. — Douleur. — Ton-
nerre. — Lenteur. — Vent. — Éclair.

5ᵉ Exercice.

Transcrivez tous les noms communs qui se trouvent dans cet exercice, et rangez-les sur deux colonnes, en mettant d'un côté les
noms masculins et de l'autre les noms féminins.

Nuremberg est une ville d'Allemagne fort renommée
pour ses joujoux, ses poupées et ses polichinelles, dont
elle envoie de pleines caisses dans tous les autres pays du
monde : ce qui fait que les enfants de Nuremberg doivent
être les plus heureux de la terre. L'Allemagne, étant un
autre pays que la France, a d'autres habitudes qu'elle.
En France, le premier jour de l'an est le jour des étrennes ; mais en Allemagne le jour des étrennes est le 24
décembre, c'est-à-dire la veille de la Noël. Il y a plus :
les étrennes se donnent, de l'autre côté du Rhin, d'une
façon toute particulière. On plante dans le salon un
grand arbre, on le place au milieu d'une table, et à toutes ses branches on suspend les joujoux que l'on veut
donner aux enfants. Ce qui ne peut pas tenir sur les branches, on le met sur la table. Figurez-vous, si vous le
pouvez, la joie de vos petits camarades d'Allemagne

quand ils entrent dans le salon et voient l'arbre de Noël qui semble sortir de la grande table couverte d'une nappe blanche, et tout chargé de fleurs en sucre au lieu de fleurs naturelles, de dragées et de pralines au lieu de fruits ; le tout étincelant au feu de cent bougies cachées dans le feuillage, et qui le rendent aussi éclatant que ces grands ifs d'illuminations que vous voyez les jours de fêtes pu bliques.

6e Exercice.

Faites le même travail que sur l'exercice précédent

La noix de kolat, qui donne lieu à de grandes transactions dans tout le Soudan, est le fruit d'un arbre de la hauteur et du port d'un prunier. Ses feuilles, oblongues, terminées par une pointe aiguë, sont suspendues à un long pétiole ; son fruit, de la grosseur d'une noix ordinaire, est couvert d'une première enveloppe couleur de rouille, sous laquelle se trouve une pulpe rose qui a la consistance de la châtaigne. Elle paraît d'abord très-amère au goût ; mais, après qu'on l'a mangée, elle laisse dans la bouche une saveur très-douce, qui plaît beaucoup aux nègres ; l'eau que l'on boit par-dessus semble toujours fraîche et sucrée. Une consommation de noix de kolat est, dans tout le Soudan, le préliminaire obligé ou la conclusion de toute espèce de marchés ou de négociations, et un cadeau d'une cinquantaine de ces fruits comporte une générosité royale.

OBSERVATION.

L'élève indiquera par lui-même un certain nombre de noms communs des deux genres, qu'il rangera sur deux colonnes, en mettant d'un côté les noms masculins et de l'autre les noms féminins.

LE NOMBRE DANS LES NOMS.

§ 19, 20, 21.

7ᵉ Exercice.

Rangez sur deux colonnes les noms donnés dans cet exercice, en mettant d'un côté les noms qui sont au singulier et de l'autre les noms qui sont au pluriel.

Inconstance. — Inquiétude. — Pleurs. — Oubli. — Reproches. — Place. — Fanfares. — Tambour. — Instruments. — Effort. — Fruits. — Course. — Corsaires. — Charrue. — Châtiment. — Supplices. — Ornements. — Trésor. — Papiers. — Incendies. — Bruit. — Tempêtes. — Ruine. — Triomphes. — Orgueil. — Ignorance. — Humiliations.

8ᵉ Exercice.

Transcrivez tous les noms qui se trouvent dans cet exercice, et rangez-les sur deux colonnes, en mettant d'un côté les noms qui sont au singulier, et de l'autre les noms qui sont au pluriel.

Figurez-vous des plages sablonneuses, labourées par les pluies de l'hiver, brûlées par les feux de l'été, d'un aspect rougeâtre et d'une nudité affreuse. Quelquefois seulement, des nopals épineux couvrent une petite partie de l'arène sans bornes ; le vent traverse les forêts sans pouvoir courber leurs rameaux ; çà et là des débris de vaisseaux pétrifiés étonnent les regards, et des monceaux de pierres servent de loin en loin à marquer le chemin aux caravanes.

9ᵉ Exercice.

Faites le même travail que sur l'exercice précédent, et de plus, à côté de chaque nom, marquez le genre, par les abréviations m. (masculin) et f. (féminin).

C'était un spectacle tout à la fois imposant et terrible que de voir tant de braves guerriers revêtus de riches armures, montant de superbes coursiers, se préparer à une lutte souvent meurtrière, assis sur leurs selles de guerre, comme autant de piliers d'airain, et attendant le signal du combat avec la même ardeur que leurs généreux coursiers, qui témoignaient leur impatience en hennissant et en frappant du pied la terre. Les chevaliers tenaient leurs lances droites; le soleil en faisait briller les pointes acérées; et les banderoles dont elles étaient ornées flottaient au-dessus des panaches qui ombrageaient les casques.

10ᵉ Exercice.

Faites le même travail que sur l'exercice précédent.

Ils restèrent dans cette position jusqu'à ce que les maréchaux du tournoi eussent parcouru les rangs avec la plus grande attention, de peur que l'une des deux troupes ne se trouvât plus ou moins nombreuse que l'autre. Après avoir reconnu que le nombre des combattants était égal de chaque côté, ils se retirèrent de l'arène, et le maître du camp s'écria d'une voix retentissante : « Laissez aller ! » C'était le signal ; les trompettes sonnèrent au même instant ; les chevaliers baissèrent leurs lances et enfoncèrent l'éperon dans les flancs de leurs coursiers : des deux côtés les premiers rangs se précipitèrent l'un sur l'autre au grand galop, et lorsqu'ils se rencontrèrent, le choc fut si terrible qu'on l'entendit à plus d'un mille[*] de distance.

OBSERVATION.

L'élève indiquera par lui-même plusieurs noms communs des deux nombres qu'il rangera sur deux colonnes, en mettant d'un côté les noms qui sont au singulier et de l'autre les noms qui sont au pluriel.

---

[*] Le mille est une mesure itinéraire d'Angleterre, qui vaut 1609 mètres.

FORMATION DU PLURIEL DANS LES NOMS.

§ 22.

11e Exercice

Transcrivez les noms communs qui sont au pluriel dans cet
exercice, et indiquez-en le singulier.

Les habitants de l'Amérique vivaient dans une extrême
ignorance avant l'arrivée des navigateurs européens. Loin
de connaître les sciences, ils ne connaissaient pas les
arts les plus simples et les plus nécessaires; ils n'avaient
point d'autres armes que l'arc; ils regardaient les mers
comme un grand espace défendu aux hommes, qui se
joignait au ciel, et au delà duquel il n'y avait rien. Tou-
tefois, après avoir passé des années entières à creuser le
tronc d'un gros arbre avec des pierres tranchantes, ils se
mettaient sur la mer dans ce tronc, et allaient le long des
côtes, portés par les vents et par les flots.

§ 2.

12e Exercice.

Transcrivez les noms communs qui sont au singulier dans cet
exercice et indiquez-en le pluriel.

Une ourse avait un petit ours qui venait de naître. Il
était horriblement laid; c'était une masse informe et
hideuse. L'ourse toute honteuse alla trouver sa voisine la
corneille, qui faisait un grand bruit par son caquet sous
un arbre. « Que ferai-je, lui dit-elle, notre commère, de
ce petit monstre? j'ai envie de l'étrangler.—Gardez-vous-
en bien, dit la causeuse; nous avons vu d'autres ourses
dans la même peine que vous. Allez, léchez doucement
votre enfant; il sera bientôt joli, mignon et propre à
vous faire honneur. » La mère crut facilement ce qu'on

lui disait. Elle eut la patience de lécher longtemps son enfant. Enfin, il commença à devenir moins difforme, et elle alla remercier la corneille en ces termes : « Si vous n'eussiez modéré mon accès d'impatience, j'aurais cruellement déchiré l'enfant qui fait maintenant le bonheur de ma vie. »

23.

13ᵉ Exercice

Transcrivez les noms communs terminés au singulier par *s*, *x*, *z*, qui se trouvent dans cet exercice, et indiquez-en le singulier et le pluriel.

Les Druses, qui vivent dans les bois, ne se nourrissent que de maïs, de noix, de radis, et parfois d'une sorte de pilau composé d'un hachis de mouton et de perdrix, confectionné grossièrement avec du beurre de leurs brebis. Les villageois de la plaine n'ont pas moins de sauvagerie dans leurs mœurs ; ce sont eux surtout qui se sont montrés si cruels envers les malheureux chrétiens dans les logis desquels ils trouvaient ou des crucifix ou des croix.

§ 24.

14ᵉ Exercice.

Rangez sur deux colonnes, en indiquant le singulier et le pluriel, les noms en *eu* et en *ou* donnés dans cet exercice.

Aveu. — Bambou. — Hibou. — Feu. — Cou. — Verrou. — Hébreu. — Coucou. — Canezou. — Jeu. — Sou. — Vœu. — Clou. — Chou. — Enjeu. — Époux. — Genou. — Houx.

§ 25.

15ᵉ Exercice.

Rangez sur trois colonnes, avec les chiffres 1, 2, 3, les noms
qui se trouvent dans cet exercice ; savoir :

1° Ceux terminés par *eau* au singulier comme au pluriel.
2° Ceux terminés par *al* ou *ail* au singulier et *aux* au pluriel.
3° Ceux en *al* et en *ail* qui ont la même terminaison aux deux
nombres.
Donnez le singulier et le pluriel de tous ces noms.

Corbeau. — Local. — Bal. — Bail. — Flambeau. —
Signal. — Chacal. — Bétail. — Cadeau. — Cordial. —
Régal. — Ail. — Fardeau. — Canal. —Sérail.—Bateau.
— Poitrail.

16ᵉ Exercice.

Transcrivez tous les noms qui se trouvent dans cet exercice
et indiquez-en le genre et le nombre.

l'Arabe laboure beaucoup ; il possède de nombreux
troupeaux qu'il fait paître ; il ne plante point d'arbres. Le
Kabyle cultive moins de céréales, mais il s'occupe beaucoup de jardinage. Il passe sa vie à planter, à greffer ; il a
chez lui des lentilles, des fèves, des artichauts, des na-
vets, des concombres, des oignons, des betteraves, du
poivre rouge, des pastèques, des melons. Il cultive le ta-
bac à fumer ; depuis quelque temps il plante des pommes
de terre ; il possède des fruits de toute espèce.

CHAPITRE DEUXIÈME.

EXERCICES SUR L'ARTICLE.

§ 27-32.

17ᵉ Exercice.

Soulignez les articles définis qui se trouvent dans cet exercice.

I.

Au centre d'une chaîne de montagnes se trouve un bassin aride, fermé de toutes parts par des sommets jaunes et rocailleux; ces sommets ne s'entr'ouvrent qu'au levant, pour laisser voir le gouffre de la mer Morte et les montagnes lointaines de l'Arabie. Au milieu de ce passage de pierres, sur un terrain inégal et penchant, dans l'enceinte d'un mur jadis ébranlé par les coups du bélier, et fortifié par des tours qui tombent, on aperçoit de vastes débris, des cyprès épars, des buissons d'aloès et de nopals; quelques masures arabes, pareilles à des sépulcres blanchis, recouvrent cet amas de ruines : c'est la triste Jérusalem.

II.

Au premier aspect de cette région désolée, un grand ennui saisit le cœur; mais lorsque, passant de solitude en solitude, l'espace s'étend sans bornes devant vous, peu à peu l'ennui se dissipe; le voyageur éprouve une terreur secrète qui, loin d'abaisser l'âme, donne du courage et élève le génie. Des aspects extraordinaires décèlent de toutes parts une terre travaillée par des miracles; le soleil brûlant, l'aigle impétueux, l'humble hysope, le cèdre superbe, le figuier stérile, toute la poésie, tous les tableaux de l'Écriture sont là ; chaque nom renferme un mystère, chaque grotte déclare l'avenir, chaque sommet retentit des accents d'un prophète. Dieu même a parlé sur ces bords ; les torrents desséchés, les rochers fendus, es tombeaux entr'ouverts, attestent le prodige ; le désert paraît encore muet de terreur, et l'on dirait qu'il n'a osé rompre le silence depuis qu'il a entendu la voix de l'Éternel.

§ 33.

18ᵉ Exercice.

Soulignez les articles indéfinis qui se trouvent dans cet exercice.

Damoclès, un des courtisans de Denys le Tyran, exaltait l'opulence de ce roi, le nombre de ses troupes, ses richesses en tout genre, et concluait que jamais personne n'avait été si heureux que ce monarque. « Eh bien, puisque mon sort vous paraît si digne d'envie, lui dit le Tyran, voulez-vous en essayer ? » Damoclès accepta l'offre de bon cœur. On le place sur un lit d'or couvert de riches tapis dont l'ouvrage était le plus merveilleux du monde. On étale sur les buffets une magnifique vaisselle d'or. On prodigue des essences, des guirlandes, des parfums. Damoclès se croit au comble du bonheur. Mais il lève par hasard les yeux au plafond et aperçoit une épée suspendue par un crin au-dessus de sa tête. Aussitôt l'enchantement se dissipe ; le courtisan a compris que les soucis et les dangers de la royauté en corrompent les douceurs.

§ 27-35.

19ᵉ Exercice.

Soulignez d'un trait simple les articles définis et d'un double trait les articles indéfinis qui se trouvent dans cet exercice.

La grotte de la déesse était taillée dans le roc, en voûte pleine de rocailles et de coquilles ; elle était tapissée d'une

jeune vigne qui étendait ses branches souples également
de tous côtés. Les doux zéphyrs conservaient en ce lieu,
malgré les ardeurs du soleil, une délicieuse fraîcheur :
des fontaines, coulant avec un doux murmure sur des
prés semés d'amarantes et de violettes, formaient en di-
vers lieux des bains aussi purs et aussi clairs que le
cristal. Mille fleurs naissantes émaillaient les tapis verts
dont la grotte était environnée. Là, on trouvait un bois de
ces arbres touffus qui portent des pommes d'or, et dont la
fleur, qui se renouvelle dans toutes les saisons, répand
le plus doux de tous les parfums ; ce bois semblait cou-
ronner ces belles prairies, et formait une nuit que les
rayons du soleil ne pouvaient percer : là on n'entendait
jamais que le chant des oiseaux ou le bruit d'un ruisseau
qui, se précipitant du haut d'un rocher, tombait à gros
bouillons pleins d'écume, et s'enfuyait au travers de la
prairie.

CHAPITRE TROISIÈME.

EXERCICES SUR L'ADJECTIF.

§ 36-37.

20e Exercice.

Soulignez les adjectifs qui se trouvent dans cet exercice.

Le coq est un oiseau pesant, dont la démarche est grave et lente, et qui, ayant les ailes fort courtes, ne vole qu'à de rares moments, et souvent avec des cris qui expriment les pénibles efforts qu'il fait pour s'enlever. Son front est orné d'une crête rouge et charnue.

Si le coq ordinaire est l'oiseau le plus utile de la basse-cour, le dindon domestique en est le plus remarquable. Il y a des dindons blancs, d'autres variés de noir et de blanc, mais le plus grand nombre a le plumage tirant sur le noir avec un peu de blanc à l'extrémité des plumes.

§ 38.

21e Exercice.

Transcrivez tous les adjectifs qui se trouvent dans cet exercice, et rangez-les sur deux colonnes, en mettant d'un côté les adjectifs qui sont au masculin, et de l'autre les adjectifs qui sont au féminin.

Je descendis tout tremblant de l'arbre où je venais de passer de si cruels moments, et me mis à courir dans la campagne déserte qui m'environnait; j'arrivai enfin tout haletant, tout épouvanté, dans une clairière verdoyante, où sous quelques grands arbres broutaient trois magnifiques éléphants, plus un petit; ce dernier m'aperçut au moment même où j'essayais de faire une retraite prudente. Ayant couru vers ses trois gigantesques compagnons, comme pour prendre leur avis, il se retourna subitement et vint droit à moi gambadant et folâtrant. Je m'enfuyais, au plus vite, cherchant d'un œil avide quelque arbre élevé à l'accès facile pour m'y réfugier, quand venant à rencontrer une malencontreuse racine sur mon chemin, je la heurtai du pied et tombai lourdement à une petite distance du jeune éléphant qui continuait à me poursuivre. En me voyant étendu devant lui, il recula d'abord, puis s'étant rapproché, il me flaira, me toucha avec sa trompe flexible, me tourna, me retourna doucement et m'examina avec une scrupuleuse attention, accompagnant ce jeu, qui me sembla bien long et bien cruel, de petits cris de plaisir. Enfin, prenant un parti extrême, désespéré, je me levai par un mouvement subit en poussant de grands cris et faisant des gestes menaçants ; l'éléphant s'enfuit alors, et je fus sauvé.

§ 39.

22ᵉ Exercice.

Mettez au pluriel les adjectifs laissés au masculin singulier dans cet exercice et qui se rapportent à un nom au pluriel.

L'on a donné aux aigles le premier rang parmi les oiseaux de proie ; non parce qu'ils sont plus *fort* et plus *grand* que les vautours, mais parce qu'ils sont plus *généreux*, c'est-à-dire moins bassement *cruel*, moins *déloyal* dans leurs allures. Les aigles en effet sont plus *fier*, plus *hardi* et ont au moins autant de goût pour la guerre que d'appétit pour la proie. Les sons *rauque* et *guttural* que poussent les vautours sont *effrayant* et ne ressemblent point à ces cris *victorieux* que jette l'aigle quand il a triomphé de son ennemi.

§ 40-45.

23ᵉ Exercice.

Mettez au féminin singulier ou pluriel les adjectifs laissés au singulier masculin dans cet exercice.

La Sibérie possède une grande variété d'eaux *minéral*, surtout dans les parties *montagneux*. Les *long* et *haut* chaînes de l'Oural donnent naissance à des sources *ferrugineux* et à des sources *chaud*, dont la plus *fameux* est dans le Kamtchatka.

Les métaux se trouvent en masses *abondant* et d'une *grand* richesse dans les profondeurs *caverneux* de rocs gigantesques. On en exporte d'*important* quantités de mica, substance *lamelleux* qui remplace le verre dans ces contrées si *pauvre*.

Chaque région de cette *froid* Sibérie possède cependant une flore assez *varié* ; c'est surtout dans la Daourie que la flore *sibérien* est *intéressant*. On y voit croître l'anémone aux fleurs *blanc*, la viorne *pourpré*, le violier à fleurs *pâle*. A un tissu de couleurs *brillant* se mêlent des teintes d'une blancheur *éblouissant :* là est la statice d'or et la statice *rose* , la gentiane *bleu*, et enfin la panacéa de Sibérie, dont on tire une infusion *doux*, *aromatisé*, quelquefois même *enivrant* ; cette boisson tient lieu de thé aux *malheureux* peuplades qui habitent ces *triste* plages.

§ 38-45.

24ᵉ Exercice.

Transcrivez tous les adjectifs qui se trouvent dans cet exercice, et indiquez-en le masculin singulier.

A côté de Pluton était Proserpine : elle jouissait d'une beauté toujours nouvelle ; mais elle paraissait avoir joint à ses grâces divines je ne sais quoi de dur et de cruel.

Au pied du trône était la Mort, pâle et dévorante, avec sa faux tranchante, qu'elle aiguisait sans cesse. Autour d'elle volaient les noirs soucis, les cruelles défiances, les haines injustes; l'avarice, la plus vile de toutes les passions; le désespoir, qui se déchire de ses propres mains; l'ambition forcenée, qui renverse tout; les spectres hideux, les fantômes, qui représentent les morts pour épouvanter les vivants; les songes affreux; les insomnies, aussi cruelles que les tristes songes. Toutes ces images funestes environnaient les fières divinités qui habitent les profondeurs ténébreuses du Tartare.

§ 46-54.

25ᵉ Exercice.

Mettez aux trois comparatifs et aux deux superlatifs les adjectifs suivants :

Gros. — Rouge. — Bon. — Habile. — Rapide. — Mauvais. — Gentil. — Malin. — Petit. — Irascible. — Aimable. — Radieux. — Effroyable. — Humble. — Laborieux. — Jaloux. — Inquiet.

26ᵉ Exercice.

Transcrivez les adjectifs qui se trouvent dans cet exercice, en indiquant, à côté de chacun d'eux, s'il est au positif, au comparatif ou au superlatif.

Un enfant plus beau que le jour, mais aussi imprudent qu'il était beau, cherchait dans un jardin la fleur la plus odorante et la plus belle pour l'attacher à sa toque de velours.

Un lis orgueilleux levait devant lui sa tête superbe et semblait l'inviter à le cueillir, tandis que non loin de là l'humble violette, aussi odorante, mais plus modeste et plus chaste, tout en se cachant sous l'herbe, appelait à elle par le plus suave des parfums les mains incertaines du petit irrésolu.

Laquelle de ces deux fleurs, aussi attrayantes l'une que l'autre, cueillera-t-il donc? Hélas ! l'éclat et le prestige de la grandeur n'ont-ils pas toujours séduit les enfants comme les hommes? Ce fut donc au lis que notre petit étourdi donna la préférence; mais un frelon, insecte très-venimeux et très-cruel, était caché dans le calice de la blanche fleur, et sans pitié il piqua l'imprudent.

27ᵉ Exercice.

Faites le même travail que sur l'exercice précédent, mais en distinguant les trois sortes de comparatif et les deux sortes de superlatif.

Quand la tempête est déchaînée, il semble que les voiles deviennent plus légères qu'un faible rideau de mousseline; le gouvernail se rompt comme le plus mince roseau; le bruit du tonnerre est moins effrayant que le fracas des vagues qui viennent se briser sur les flancs du navire en flocons aussi blancs que la neige. Les vents grondent plus terribles que les plus puissants autans qu'Éole* ait jamais déchaînés sur la plaine liquide. On entend les clameurs de la foule, le bruit sourd ou strident des pompes. Présages terribles! les câbles se brisent dans les mains des matelots, le soleil se couche morne et aussi pâle qu'un agonisant; il emporte avec ses derniers rayons la dernière espérance de l'infortuné navigateur.

L'homme le plus brave ne peut voir sans terreur ces effrayantes colères de la mer; quand de toutes parts la mort l'environne et le menace sous le plus horrible aspect, il tombe à genoux malgré lui, et élève vers le Dieu très-bon et très-puissant, qui seul peut le secourir, les ardentes prières du désespoir.

---

* Dieu des vents, dans la mythologie païenne.

CHAPITRE QUATRIÈME.

EXERCICES SUR LE PRONOM.

I. — PRONOMS PERSONNELS.

§ 55-60.

28ᵉ Exercice.

Soulignez les pronoms personnels qui se trouvent dans cet exercice, et indiquez par les chiffres 1, 2, 3, à quelle personne ils appartiennent.

Un jour une abeille aperçut une mouche auprès de sa ruche. « Que viens-tu faire ici? lui dit-elle d'un ton furieux. Vraiment c'est bien à toi, vil animal, à te mêler aux reines de l'air ! — Tu as raison, répondit froidement la mouche, on a toujours tort de s'approcher d'une nation aussi fougueuse que la vôtre. — Rien n'est plus sage que nous, dit l'abeille; nous seules avons des lois et une république bien policée; nous allons puiser les sucs des fleurs les plus odorantes, et le miel que nous faisons égale le nectar. Ote-toi de ma présence, vilaine mouche importune, qui ne sais que bourdonner et chercher ta vie dans les ordures. — Nous vivons comme nous pouvons, répondit la mouche; la pauvreté n'est pas un vice, mais la colère en est un grand. Vous faites du miel qui est doux, mais votre cœur est toujours amer ; vous êtes sages dans vos lois, mais emportées dans votre conduite. Votre colère nuit à vos ennemis, mais elle vous donne la mort, et votre folle cruauté vous fait plus de mal qu'à personne. Il vaut mieux avoir des qualités moins éclatantes avec plus de modération. »

29ᵉ Exercice.

Faites le même travail que sur l'exercice précédent, et de plus indiquez par les lettres *s.* et *p.* si le pronom personnel est du singulier ou du pluriel.

Il faut que je vous conte une petite historiette qui est très-vraie et qui vous divertira. Le roi se mêle depuis peu de faire des vers. Il fit l'autre jour un petit madrigal, que lui-même ne trouva pas trop joli. Un matin il dit au maréchal de Gramont : « Monsieur le maréchal, lisez, je vous prie, ce petit madrigal, et voyez si vous en avez jamais vu un si impertinent; parce qu'on sait que depuis peu j'aime les vers, on m'en apporte de toutes les façons. » Le maréchal, après avoir lu, dit au roi : « Sire, Votre Majesté juge divinement bien de toutes choses; il est vrai que voilà le plus sot et le plus ridicule madrigal que j'aie jamais lu. » Le roi se mit à rire, et lui dit : « N'est-il pas vrai que celui qui l'a fait est bien fat ? — Sire, il n'y a pas moyen de lui donner un autre nom.— Oh bien, dit le roi, je suis ravi que vous m'ayez parlé si bonnement : c'est moi qui l'ai fait. — Ah ! sire, quelle trahison ! Que Votre Majesté me le rende, je l'ai brusquement lu. — Non, monsieur le maréchal, les premiers sentiments sont toujours les plus naturels. » Le roi a fort ri de cette folie. Pour moi, qui aime toujours à faire des réflexions, je voudrais que le roi en fît là-dessus et qu'il jugeât par là combien il est loin de connaître jamais la vérité.

§ 61-63.

30ᵉ Exercice.

Soulignez les pronoms réfléchis et les pronoms directs de la troisième personne employés dans cet exercice, et distinguez-les par les lettres *dir.*, *réfl.*

Rien n'égale la vivacité des oiseaux-mouches, si ce n'est leur courage ou plutôt leur audace. On les voit poursuivre avec furie des oiseaux vingt fois plus gros qu'eux, s'attacher à leur corps et, se laissant emporter par leur vol, les becqueter à coups redoublés jusqu'à ce qu'ils aient assouvi leur colère. Quelquefois même ils se livrent entre eux de vifs combats ; s'ils s'approchent d'une fleur et s'ils s'aperçoivent qu'elle est fanée, ils la déchirent avec dépit.

La panthère est d'une nature fière et inflexible ; on la dompte plutôt qu'on ne l'apprivoise. Il faut beaucoup de soin pour la dresser à la chasse et encore plus de précautions pour la conduire et l'exercer. On la mène sur une charrette, enfermée dans une cage dont on lui ouvre la porte, lorsque le gibier paraît ; elle s'élance vers la bête, l'atteint ordinairement en trois ou quatre sauts, la terrasse et l'étrangle.

31° Exercice.

Faites le même travail que sur l'exercice précédent.

Arrias a tout lu, a tout vu, il veut le persuader ainsi ; c'est un homme universel, et il se donne pour tel ; il aime mieux mentir que de se taire ou de paraître ignorer quelque chose : on parle, à la table d'un grand, d'une cour du Nord ; il prend la parole et l'ôte à ceux qui allaient dire ce qu'ils en savent ; il s'oriente dans cette région lointaine, comme s'il en était originaire ; quelqu'un se hasarde à le contredire et lui prouve nettement qu'il dit des choses qui ne sont pas vraies. Arrias ne se trouble point, prend feu au contraire contre l'interrupteur. « Je n'avance, lui dit-il, je ne raconte rien que je ne sache ; je l'ai appris de Séthon, ambassadeur de France dans cette cour, revenu à Paris depuis quelques jours, que je connais familièrement, que j'ai fort interrogé, et qui ne m'a caché aucune circonstance. » Il reprenait le fil de sa narration avec plus de confiance qu'il ne l'avait commencée, lorsque l'un des conviés lui dit : « C'est Séthon lui-même à qui vous parlez, et qui arrive de son ambassade. »

§ 64-65.

32ᵉ Exercice.

Soulignez dans cet exercice les mots *en* et *y*, toutes les fois
qu'ils sont employés comme pronoms.

Un jour d'été, en travaillant à mettre en ordre quelques observations sur les harmonies de ce globe, j'aper-
çus sur un fraisier qui était venu par hasard sur ma fenêtre de petites mouches si jolies que l'envie me prit
d'en décrire quelques-unes. Le lendemain j'y en vis d'une
autre sorte que je décrivis encore; j'en observai pendant
trois semaines trente-sept espèces toutes différentes. Il y
en avait de dorées, d'argentées, de bronzées, de tigrées,
de bleues, de vertes, de chatoyantes.

Il n'y avait pas moins de variétés dans leurs ailes :
quelques-unes en avaient de longues et de brillantes,
d'autres en avaient de courtes et de larges qui ressem-
blaient à des réseaux de gaze. Les unes abordaient sur
cette plante pour y déposer leurs œufs, d'autres pour s'y
mettre simplement à l'abri du soleil. Il y en avait d'im-
mobiles, qui, implantées sur ce fraisier, en avaient pris
possession à tout jamais.

II. — PRONOMS DÉMONSTRATIFS.

§ 66-70.

33ᵉ Exercice.

Soulignez les pronoms démonstratifs qui se trouvent dans
cet exercice.

I.

Examinons la patience sous deux points de vue, et
voyons d'abord celle qui convient à votre âge, ensuite celle
que vous aurez à pratiquer un jour pour être plus forts et
plus heureux. Nous voyons quelquefois les enfants les

plus intelligents, ceux qui sont doués des facultés les plus vives, ne faire cependant aucun progrès, et s'exposer constamment aux punitions et aux réprimandes. Que leur manque-t-il donc? la patience. Tout les contrarie, tout les agace et les irrite; celui-ci reproche à ses devoirs d'être ennuyeux ; celui-là trouve toujours ses leçons trop longues. S'ils commencent un travail, ils en souhaitent déjà la fin, ils le laissent inachevé. Ce n'est pas de la paresse, car la paresse est accompagnée de langueur, et ils pèchent plutôt par excès de vivacité. C'est une impatience maladive, que rien ne satisfait, que rien ne calme; si chaque difficulté pouvait être résolue en quelques minutes ils n'auraient jamais peur des difficultés.

II.

Maintenant, transportons-nous par la pensée au temps où vous serez des hommes. L'enfant qui s'ennuyait des six heures de l'école prendra-t-il son parti des douze heures que l'ouvrier passe à l'atelier? Celui qui ne supportait pas assez patiemment les observations toutes paternelles de l'instituteur, endurera-t-il facilement les paroles souvent plus rudes, plus personnelles, de ses compagnons de travail? Dans toutes les professions, la première condition de réussite, le premier secret d'habileté, c'est la patience.

III. — PRONOMS RELATIFS.

§ 71-75.

34e Exercice.

Soulignez les pronoms relatifs qui se trouvent dans cet exercice,

Mme de Sévigné raconte ainsi la stupéfaction et la douleur d'une jeune femme qu'une fausse accusation avait tenue un an en prison, et qui dans cet intervalle avait perdu sa mère.

« Mme de Dreux, à qui on n'avait pas fait connaître la

mort de sa mère, fut reçue à bras ouverts par son mari et toute sa famille, qui l'allèrent prendre à l'Arsenal. La première parole qu'elle dit, ce fut : « Où est ma mère, « et d'où vient qu'elle n'est pas ici ? » M. de Dreux lui dit qu'elle l'attendait chez elle. Elle arriva bientôt chez elle. « Quoi ! je ne vois pas ma mère ! quoi ! je ne l'entends « point ! » On ne savait que lui dire. Elle pleurait, elle courait, elle l'appelait. Un bon religieux parut enfin et lui dit qu'elle ne la reverrait que dans le ciel. Cette pauvre femme s'évanouit et ne revint que pour faire des plaintes et des cris dont les assistants étaient violemment émus. Elle disait que c'était elle qui était la cause de la mort de sa mère.

« Que dites-vous de cette amertume qui vient ainsi troubler la joie de sa délivrance ? »

IV. — PRONOMS INTERROGATIFS.

§ 76-78.

35ᵉ Exercice.

Soulignez les pronoms interrogatifs qui se trouvent dans cet exercice.

Qui es-tu, toi que couvre cette pierre dont la blancheur pure paraît être l'emblème de l'innocence ? Approchons.... Qui donc est là ! Quoi ! c'est un enfant qui reçut et qui rendit presque en même temps son âme tendre et fugitive. Il n'a point connu la peine et la douleur. Il ne s'est arrêté qu'un moment aux portes de la vie. Est-ce un bonheur ? est-ce un malheur ? Qui sait ce qu'il aurait été un jour ? Il a dit un prompt adieu au temps et à la terre, il s'est élancé du berceau dans la tombe. Qu'a-t-il donc entrevu dans notre monde pour en sortir si brusquement ? Qui nous dira si, en goûtant à la coupe de la vie, il l'a trouvée amère ou douce ? Il jouit, dit-on, maintenant, du bonheur éternel ; mais qui d'entre nous, après avoir surmonté les tempêtes de la vie, ne sera pas aussi digne de ce bonheur? Non, ne nous décourageons pas, nous qui souffrons. Qui nous dit que, si nous avons bien vécu, nous ne posséderons pas aussi le véritable bonheur?

V. — PRONOMS INDÉFINIS.

§ 79-81.

36ᵉ Exercice.

Soulignez les pronoms indéfinis qui se trouvent dans cet exercice.

Ménalque descend son escalier, ouvre sa porte pour sortir; il la referme, car il s'aperçoit qu'il est en bonnet de nuit, et venant à mieux s'examiner, il se trouve rasé à moitié, et s'aperçoit que chacun de ses bas est rabattu sur ses talons; s'il marche dans les rues, il ne voit personne et va se jeter contre tout. On l'a vu une fois heurter de front un aveugle, s'embarrasser dans ses jambes et tomber avec lui chacun de son côté à la renverse. Il est aussi distrait chez autrui que chez soi : s'il entre dans un appartement, rien ne l'arrête; il passe sous un lustre où sa perruque s'accroche et demeure suspendue; chacun le regarde et rit, il rit plus haut que les autres et cherche dans l'assemblée à qui il manque une perruque.

37ᵉ Exercice.

Transcrivez et rangez sur deux colonnes les pronoms relatifs et les pronoms indéfinis qui se trouvent dans cet exercice.

Proverbes espagnols.

Quiconque est toujours le premier à table se montre rarement le premier au travail.

On fait toujours mieux de se taire que de parler mal.

Qui ne manque point de volonté ne manquera jamais de temps pour travailler.

Rien n'est plus difficile qu'entendre, voir, et avec tout cela se taire.

Quiconque beaucoup parle et peu entend,
Pour âne à la foire se vend.

Qui donne promptement, donne doublement.

Tous se disent bons, mais peu le sont.

Nul ne se dit parent du pauvre, et tous le sont du riche.

La vérité, comme l'huile, s'élève au-dessus de tout.

Qui se résout à la hâte se repent à loisir.

Quoi qu'on dise de toi, ne consulte que ta conscience.

Quelques-uns te diront : c'est bien; d'autres te diront : c'est mal; n'écoute que ta conscience.

Celui qui croit tout le monde se trompe autant que celui qui ne croit personne.

ADJECTIFS PRONOMINAUX.

I. — ADJECTIFS PERSONNELS OU POSSESSIFS.

§ 83-85.

38e Exercice.

Transcrivez les adjectifs possessifs du premier ordre qui se trouvent dans cet exercice, en indiquant le genre et le nombre de chacun.

Plus vous saurez borner vos désirs, plus vous serez riche.

Quand la fortune nous prodigue ses caresses, c'est qu'elle nous tend un piége.

On doit tenir sa parole, même à son ennemi.

Avec l'aide de Dieu, je saurai supporter mes malheurs.

Le temps qui fuit sur nos plaisirs semble s'arrêter sur nos peines.

39ᵉ Exercice.

Faites le même travail que sur l'exercice précédent.

Arrêtez ici vos regards. Il se prépare contre le prince quelque chose de plus formidable qu'à Rocroy, et, pour éprouver sa vertu, la guerre va épuiser toutes ses inventions et tous ses efforts. Quel objet se présente à vos yeux? Ce ne sont pas seulement des hommes à combattre, ce sont des montagnes inaccessibles, ce sont des ravines et des précipices. Nos troupes semblent rebutées autant par la résistance des ennemis que par l'effroyable disposition des lieux, et le prince se vit quelque temps comme abandonné. Mais comme un autre Mardochée, son bras ne l'abandonna pas, et son courage, irrité par tant de périls, vint à son secours. Bientôt Mercy voit sa perte assurée, ses meilleurs régiments sont défaits; la nuit sauve les restes de son armée.

40ᵉ Exercice.

Transcrivez et rangez sur trois colonnes, avec les chiffres, 1, 2, 3, les adjectils possessifs du premier ordre qui se trouvent dans cet exercice, et les noms auxquels ils se rapportent, savoir :

1° Ceux qui sont de la première personne ;
2° Ceux qui sont de la deuxième personne ;
3° Ceux qui sont de la troisième personne.

Guillaume Tell embrasse son fils, et posant la pomme sur sa tête, il lui adresse ces dernières paroles : « Sois immobile, mon fils, détourne tes regards des miens; car tu ne peux prévoir l'effet que produira sur ton esprit le fer brillant de ma flèche dirigé contre ton front. — Non, lui répondit l'enfant, je veux vous regarder et je ne verrai que mon père.—Ah ! mon cher fils, s'écria Tell, ne me parle plus; ta voix, ton accent m'ôteraient ma force. »

Alors il reprend son arc, ses flèches, reporte ses yeux vers ce but si cher, essaye deux fois de viser cette pomme fatale, et tout en maudissant ses tyrans, leur cruauté et leurs inhumaines exigences, il roidit son bras qui tremble, accoutume ses yeux à ne voir que le but, et profitant de ce seul instant où il parvient à oublier son fils, il vise, tire, lance son trait, et la pomme emportée vole à travers l'espace.

§ 86-88.

41ᵉ Exercice.

Transcrivez les adjectifs possessifs du second ordre qui se trouvent dans cet exercice, en indiquant le genre et le nombre de chacun.

Nous cherchâmes à reconnaître, chacun de notre mieux, ce que signifiait le bruit que nous entendions dans les fourrés du bois. Était-ce des ennemis ou des amis qui s'approchaient? « Si ce sont les nôtres, dis-je, avançons, nous les recevrons bien; si ce sont des ennemis, nous les recevrons vraiment bien mieux encore; cet avis est le mien, messieurs; est-il le vôtre? » On applaudit, et chacun se levant et s'armant dans l'obscurité cherchait confusément ses armes. « Cette épée est la mienne, disait l'un. — Non, c'est la mienne, disait un autre; j'ai mes armes, cherchez les vôtres. » Enfin tout se débrouilla, et nous allions pousser en avant, quand un mien ami vint me dire tout bas à l'oreille que cet étrange tapage qui nous avait donné l'éveil était produit par une troupe de canards sauvages, qui venaient de prendre leur volée.

42ᵉ Exercice.

Transcrivez et rangez sur trois colonnes, avec les chiffres 1, 2, 3, les adjectifs possessifs du second ordre qui se trouvent dans cet exercice, savoir :

1° Ceux qui sont de la première personne;
2° Ceux qui sont de la deuxième personne;
3° Ceux qui sont de la troisième personne.

Le tien et le mien sont la source de toutes les querelles parmi les hommes.

ATHALIE.

J'ai mon Dieu que je sers ; vous servirez le vôtre :
Ce sont deux puissants Dieux.

JOAS.

Il faut craindre le mien
Lui seul est Dieu, madame, et le vôtre n'est rien.

La jeunesse a ses plaisirs ; l'âge mûr et la vieillesse ont aussi les leurs.

Si vous avez vos alliés en qui vous mettez votre confiance, nous avons aussi les nôtres.

Un sentiment coupable nous porte à envier toujours le sort d'autrui, et à n'être jamais contents du nôtre.

Les véritables grands hommes ont toujours été fiers de leurs pères ; Alexandre, aveuglé par la prospérité, en vint à rougir du sien.

Si les castors sont doués d'un instinct admirable, les abeilles ont aussi le leur, qui n'est pas moins merveilleux.

Ne soyez pas si sévère pour les défauts d'autrui ; chacun a les siens ; mais nous voyons plus facilement ceux d'autrui que les nôtres.

II. — ADJECTIFS DÉMONSTRATIFS.

§ 90-91.

43e Exercice.

Soulignez les adjectifs démonstratifs qui se trouvent dans cet exercice.

Que dites-vous? Ces bois sont déserts et silencieux !
N'avez-vous donc jamais entendu ce rossignol à l'harmonieux gosier, cette fauvette aux douces chansons, ces merles causeurs qui vont et viennent comme les gens les plus affairés du monde, ce pétulant pinson, charmant, étourdi, qui agace tous ses confrères de ses cris aigus et de son bec acéré? Ne vous est-il jamais arrivé de voir passer au-dessus de votre tête ces bandes de corbeaux semblables à un grand éventail noir? Non, non, ces soli-

tudes sont peuplées; cette forêt n'est pas déserte; depuis ce pauvre grillon caché sous l'herbe, jusqu'à cet aigle majestueux qui plane au haut des airs, tout ici a la voix, le mouvement et la vie. Peut-être préférez-vous le tumulte et l'agitation des villes? Pour moi, je ne puis comparer cette existence-là, toujours inquiète et fébrile, à cette vie des bois si paisible et à la fois si animée.

III. — ADJECTIFS RELATIFS.

§ 92-93.

44ᵉ Exercice.

Soulignez les adjectifs relatifs qui se trouvent dans cet exercice.

Les élèves auxquels on a donné des récompenses sont fort nombreux dans cette classe.

L'enfant duquel je vous parlais hier a été admis à concourir pour une bourse.

Mes sœurs, après lesquelles je courais, avaient pris une route qui les a trompées.

C'est vous seul qui avez su me sauver du danger auquel m'exposaient mon inexpérience et ma jeunesse.

N'envions pas les grandes fortunes dans lesquelles se trouvent souvent les grands chagrins.

L'ingratitude à laquelle nous sommes exposés en secourant les misérables ne doit pas nous détourner de faire le bien.

Les arguments auxquels les hommes sont le plus sensibles sont ceux qui sont tirés de leur vanité.

Il en est des princes comme de la lumière, laquelle n'est placée dans un lieu éminent que pour se répandre partout.

La satisfaction intérieure est un bonheur auquel le méchant ne saurait prétendre.

La force de se vaincre soi-même sans laquelle on ne fait rien de grand, peut seule donner à l'homme une juste raison de s'estimer.

IV. — ADJECTIFS INTERROGATIFS.

§ 94-95.

45° Exercice.

Soulignez les adjectifs interrogatifs qui se trouvent dans cet exercice.

Le grand Condé réunissait à toutes les vertus d'un cœur héroïque toutes les qualités de l'esprit. Quelle capacité plus vaste, quel discernement plus exquis, quel goût plus fin, quelle compréhension plus vive, quelle manière de s'énoncer plus juste et plus noble ?

S'il fallait assister à un conseil, avec quelle force de politique, avec quelle abondance d'expédients n'y opinait-il pas ? S'il s'entretenait avec les savants, quelles lumières n'ajoutait-il pas à leurs réflexions ? et dans ce qu'ils croyaient savoir, de quels faux préjugés ne les faisait-il pas revenir ? Quel poids, s'ils le consultaient comme auteur, son approbation ne donnait-elle pas à leurs ouvrages ? Et tout cela se trouvait chez lui dans une si juste mesure, qu'il serait difficile de dire laquelle de ces qualités l'emportait sur les autres.

V. — ADJECTIFS INDÉFINIS.

§ 96-101.

46° Exercice.

Transcrivez les adjectifs indéfinis qui se trouvent dans cet exercice, et indiquez-en le genre et le nombre.

Trouvez au moins une raison quelconque pour expliquer cette étrange conduite.

Qu'il y ait chez vous une place pour chaque chose, et que chaque chose soit à sa place.

Si quelque personne vient en mon absence, dites que je serai bientôt de retour.

Certain renard gascon, d'autres disent normand,

Vit au haut d'une treille
Des raisins mûrs apparemment.

Tout le plaisir s'envole, toute la joie s'efface quand la conscience n'est pas tranquille.

Nous vîmes dans le prétoire maints avocats bavards et d'autres personnes plus ou moins affairées.

Tel qui croit tromper est trompé à son tour.

Il y a là plusieurs personnes que je désirerais connaître.

A l'impossible nul n'est tenu.

Cet enfant ne nous donne aucun contentement, aucune espérance même.

Vous jouirez ici de tous les avantages, de toutes les commodités que vous auriez chez vous.

Tout autre que moi aurait aussi bien réussi.

ADJECTIFS NUMÉRAUX.

§ 102-106.

47ᵉ Exercice.

Écrivez en toutes lettres les adjectifs cardinaux et les adjectifs ordinaux qui se trouvent dans cet exercice.

I.

Les Bermudes forment plus de 100 petites îles groupées autour de 2 ou 3 autres plus considérables. Le siége du gouvernement est dans l'île Saint-Georges, qui a 4 ou 5 milles, de longueur sur 2 de largeur. La ville est bâtie sur le revers d'une jolie petite colline en face du port. Les maisons n'ont pas plus de 2 étages, elles sont construites en pierres de taille et n'ont, pour la plupart, qu'une cheminée; presque toutes sont entourées de bananiers, de calebasses, d'orangers et de palmiers. Cette jolie ville est presque entièrement habitée par des noirs; mais plusieurs d'entre eux possèdent des maisons et ont gagné leur liberté d'une manière ou d'une autre. On ne permet pas aux esclaves de tenir une arme à feu dans les mains. Cette précaution, ainsi que la défense qui leur est faite de sortir des maisons passé 9 heures du soir, est nécessaire dans un pays où il y a plus d'esclaves que d'hommes libres.

II

La population de toutes les Bermudes est de près de 20 000 âmes. La 1re île que nous visitâmes après l'île Saint-Georges fut celle qu'on appelle le Continent, parce qu'elle est la plus considérable de tout le groupe ; la 2e fut l'île de Long-Island, où a été fondé un vaste établissement naval, et près de laquelle se trouve aujourd'hui le mouillage des vaisseaux de guerre. Il n'y a rien de plus remarquable, dans ce singulier groupe d'îles, que les récifs de corail qui hérissent le fond de la mer vers le nord, et forment une ceinture demi-circulaire à 2 ou 3 lieues de la terre. Le vaisseau qui s'engage sans pilote à travers ces écueils a 100 chances contre 1 de se briser. On nous racontait l'histoire d'un capitaine qui, venant pour la 20e fois aux Bermudes, avait cru pouvoir franchir seul la redoutable passe ; mais son bâtiment donna contre un récif et fut fracassé.

48e Exercice.

Faites le même travail que sur l'exercice précédent.

La façade de la basilique de Saint-Pierre de Rome est entièrement bâtie en *travertin** et composée de 8 colonnes d'ordre corinthien, de 5 portes, de 7 galeries, de 6 niches et d'un attique qui se termine par une balustrade au-dessus de laquelle il y a 13 statues colossales représentant Jésus-Christ avec les 12 apôtres.

---

* Ou pierre de Tivoli ; le travertin est un tuf blanc ou jaunâtre, recherché à cause de sa légèreté.

Pour se faire une idée des proportions gigantesques de ce temple, il suffit de savoir que la façade a 150 palmes* de largeur sur 216 de hauteur, y compris la base et le chapiteau, et enfin que les 13 statues qui servent de complément à la façade ont 13 palmes 1/2 de hauteur.

La sphère qui supporte la croix de la grande coupole ne paraît pas avoir une grande dimension, et cependant elle peut contenir 16 personnes.

Il est impossible de décrire l'effet que produit cette façade le jour de la fête des saints apôtres Pierre et Paul, lorsque les trois coupoles et la colonnade sont illuminées de 4400 lampions et 784 torches.

Une des 5 portes reste murée pendant 25 ans; on ne l'ouvre qu'à l'époque du grand jubilé qui dure 1 an.

---

* La palme est une mesure italienne d'environ 250 millimètres.

CHAPITRE CINQUIÈME.

EXERCICES SUR LE VERBE.

§ 107-108.

49ᵉ Exercice.

Soulignez les verbes contenus dans cet exercice.

Notre distrait entre dans une église, et prenant l'a-
veugle, qui est collé à la porte, pour un pilier, et sa tasse
pour un bénitier, il y plonge sa main, la porte à son front.
Il s'avance dans la nef : il croit voir un prie-Dieu et se
jette lourdement dessus ; la machine plie, s'enfonce et fait
des efforts pour crier. Ménalque est surpris de se voir à
genoux sur les jambes d'un fort petit homme, appuyé sur
son dos, les deux bras passés sur ses épaules et ses deux
mains jointes et étendues qui lui prennent le nez et lui
ferment la bouche. Il se retire confus et va s'agenouiller
ailleurs. Il tire son livre pour faire sa prière ; mais c'est
une pantoufle qu'il a prise et qu'il a mise dans sa poche
avant de sortir.

§ 109-111.

50ᵉ Exercice.

Transcrivez, avec leurs sujets, tous les verbes qui se trouvent dans
cet exercice, en indiquant la personne et le nombre.

Un jour la duchesse de Bourgogne, encore fort jeune,
voyait à souper un officier qui était très-laid ; elle plai-
santa beaucoup et très-haut sur sa laideur. « Je le trouve,
madame, dit le roi encore plus haut, un des plus beaux
hommes de mon royaume, car c'est un des plus braves
que nous ayons. »

Un officier général, homme un peu brusque, avait perdu un bras dans une action et se plaignait au roi, qui l'avait pourtant récompensé autant qu'on peut le faire pour un bras cassé. « Je voudrais avoir perdu aussi l'autre, dit-il, et ne plus servir Votre Majesté. — Ne parlez pas ainsi, lui répondit le roi, j'en serais bien fâché pour vous et pour moi. » Et ces paroles furent suivies d'une grâce qu'il lui accorda.

———

VERBES AUXILIAIRES.

§ 122-137.

51ᵉ Exercice.

Transcrivez, en les rangeant sur deux colonnes, les formes qui appartiennent au verbe *avoir* et celles qui appartiennent au verbe *être*.

Je voudrais que vous eussiez pu me voir aujourd'hui dans un miroir, en l'état où j'étais; vous m'eussiez vu dans les plus sauvages montagnes du monde. J'étais au milieu de douze ou quinze hommes, les plus effroyables qu'on ait jamais vus et dont le plus innocent en a tué quinze ou vingt autres; ils sont noirs comme des diables et ont les cheveux qui leur viennent jusqu'à la moitié du corps; chacun d'eux a au moins trois balafres sur la figure; ils portent un grand fusil sur l'épaule, deux pistolets et deux poignards à la ceinture. Ce sont les bandits qui sont errants ou qui ont domicile sur les confins du Piémont et de Gênes. Vous auriez eu peur sans doute si vous m'aviez vu entre ces messieurs. De crainte d'être volé par ces bandits mêmes, je m'en étais fait accompagner; c'est leur propre capitaine qui m'avait fourni cette escorte; cela m'a coûté trois louis à peu près.

52ᵉ Exercice.

Transcrivez les formes verbales qui se trouvent dans cet exercice
en indiquant la personne, le nombre, le temps et le mode.

J'avais eu. — Qu'ils aient. — Que vous eussiez eu. —
Ayant eu. — Ils avaient. — Que tu aies. — Aie. — Nous
eûmes. — Ils ont. — Elles avaient eu. — Tu as. —
Qu'elle ait. — Que tu eusses. — Nous eûmes eu. — Avoir.
— Vous aurez. — Vous auriez. — J'ai eu. — Que nous
eussions. — Elles avaient. — Elle aura eu. — J'aurai. —
Ayant. — Eue. — Elle a. — Que vous ayez. — Nous au-
rons. — Il aurait. — Elles eurent.

53ᵉ Exercice.

Faites le même travail que sur l'exercice précédent.

Ayant été. — Tu fus. — Que j'eusse été. — Vous seriez. — Nous avions été. — Qu'elles fussent. — Nous serons. — Vous êtes. — Je suis. — Qu'il soit. — Elle aurait été. — Nous fûmes. — Été. — Tu seras. — Tu avais
été. — Être. — Que nous soyons. — Elles sont. — Soyez.
Nous sommes. — Vous étiez. — Elles avaient été. —
Elles seraient.

VERBES ACTIFS

OU VERBES TRANSITIFS DIRECTS.

CONJUGAISON DE LA VOIX ACTIVE.

PREMIÈRE CONJUGAISON.

§ 140.

54ᵉ Exercice.

Transcrivez les formes verbales qui se trouvent dans cet exercice, en
indiquant la personne, le nombre, le temps et le mode.

Il flatta. — Nous danserons. — Ils travaillaient. —
Nous éveillâmes. — Éveille. — Ayant flatté. — Nous

avons joué. — Elles auraient accordé. — Accordé. — Que j'eusse accordé. — Qu'il danse. — Avoir travaillé. — Arrive. — Nous pensions. — Vous aviez exercé. — Je louerai. — Louant. — Qu'ils aient aimé. — Que tu accordes. — Qu'il exerçât.

55e Exercice.

Faites le même travail que sur l'exercice précédent.

Que nous ayons flatté. — Louons. — Qu'il adorât. — Tu louerais. — Vous blâmerez. — Elles auront soigné. — Adorons. — Vous cultiverez. — Louer. — J'aurai soigné. — Nous adorons. — Elle adore. — Nous eûmes cultivé. — Je louai. — Vous eûtes adoré. — Avoir gagné. — Tu as planté. — Ils avaient planté. — Que nous eussions gagné. — Cultivant. — Que vous plantassiez. — Plantée. — Ayant semé.

§ 140.

56e Exercice.

Transcrivez les verbes de la première conjugaison qui se trouvent dans cet exercice, en indiquant la personne, le nombre, le temps et le mode.

Il y avait un homme puissant, extrêmement riche, appelé Booz, qui était de la famille d'Élimélech. Ruth dit à sa mère : « Si vous l'agréez, je me rendrai dans quelque champ et je ramasserai les épis qu'auront laissés les moissonneurs, partout où je trouverai un père de famille qui me témoignera de la bonté. » Noémi lui répondit : « Allez, ma fille. » Ruth s'en alla donc, et elle ramassait les épis derrière les moissonneurs. Or le champ où elle était appartenait à Booz, proche parent d'Élimélech. En ce temps-là il arriva que Booz vint de Bethléem, et qu'il parla ainsi à ses moissonneurs : « Le Seigneur soit avec vous ! » Puis il ajouta : « A qui est cette jeune fille ? » Ils

lui répondirent : « C'est cette Moabite que Noémi a ame-
née du pays de Moab. » Booz dit à Ruth : « Écoutez, ma
fille, ne cherchez point un autre champ pour glaner, mais
joignez-vous à mes filles. Accompagnez-les partout où l'on
fera la moisson et, quand vous aurez soif, allez où sont
les vaisseaux d'eau, et là vous étancherez votre soif. »
Puis il dit encore aux moissonneurs : « Quand elle vou-
dra couper l'orge avec vous, vous ne l'empêcherez point. »
Plus tard, Booz apprit que cette excellente fille était de sa
famille, et il récompensa sa piété filiale et sa vertu en l'é-
pousant.

DEUXIÈME CONJUGAISON.

§ 141.

57ᵉ Exercice.

Transcrivez les formes verbales qui se trouvent dans cet exercice, en
indiquant la personne, le nombre, le temps et le mode.

J'accomplissais. — Tu as trahi. — Accomplis. — Ac-
complir. — Accomplissez. — Ayant averti. — Que nous
avertissions. — Nous trahissons. — Je trahirais.—Vous
avertirez. — Il frémit. — Elles avaient accompli. — Ils
trahiront. — Nous eûmes noirci. — Vous auriez accompli. — Noircissant. — J'aurais averti. — Vous noirciriez.
—Ils frémissent. — Nous avons bâti. — Bâtis. — Vous
avertîtes. — J'ai noirci. — Démolie.— Elles démoliront.
— Tu eus trahi. — Tu accomplirais.

58ᵉ Exercice.

Faites le même travail que sur l'exercice précédent.

Nous aurons averti. —Démolissant.—Vous rougissiez.
—Ils accompliront. — Que tu aies bâti. — Nous aurions
fini. — Ayant garni. — Je garnirai. — Nous bâtirons.
— Qu'elles eussent démoli. —Avoir trahi.—Applaudir.
— Applaudissez. — Nous aurons appesanti. — J'appe-

santirai. — Appesantissant. — Que vous appesantissiez.
— Que tu aies applaudi. — Appesantissons. — Garnir.
— Applaudi. — Que tu applaudisses. — Qu'ils eussent
appesanti. — Que nous ayons noirci.

59ᵉ Exercice.

Transcrivez successivement les verbes de la première et de la deuxième
conjugaison qui se trouvent dans cet exercice, en indiquant la
personne, le nombre, le temps et le mode.

Cependant Charles XII partit une seconde fois pour
conquérir la Norvége; toutes ses mesures étaient si bien
combinées qu'il espérait se rendre maître en six mois de
ce royaume. Il aima mieux aller étendre sa puissance sur
des rochers au milieu des neiges que de reprendre ses
belles provinces d'Allemagne. C'est qu'il avait espéré que
sa nouvelle alliance avec le czar l'aurait mis bientôt en
état de ressaisir toutes les provinces qu'il avait perdues;
bien plus, il s'applaudissait d'enlever un royaume à son
ennemi victorieux.

A l'embouchure du fleuve Testendall est située Frédé-
rickschall, place importante, que les ennemis avaient
garnie de leurs meilleures troupes. Charles XII en forma
le siége au mois de décembre. Le soldat transi de froid
pouvait à peine remuer la terre durcie sous la glace; mais
les Suédois ne se rebutaient pas en voyant à leur tête un
roi qui avait voulu partager leurs fatigues; jamais
Charles n'en avait essuyé de plus grandes; sa consti-
tution, que dix-huit ans de travaux pénibles avaient en-
durcie, s'était fortifiée au point qu'il dormait en plein
champ, au cœur de l'hiver, sur de la paille ou sur une
planche, s'enveloppant seulement d'un manteau, et qu'il
courait des jours entiers à cheval, sans que sa santé en
souffrît.

TROISIÈME CONJUGAISON

§ 142.

60° Exercice.

Transcrivez les formes verbales qui se trouvent dans cet exercice, e
indiquant la personne, le nombre, le temps et le mode.

Nous vîmes. — J'aurais vu. — Nous apercevrons. —
Sachez. — J'avais aperçu. — Émouvoir. — Que tu aies
ému. — Voyant. — Percevoir. — Vous saurez. — Su. —
Que nous eussions vu. — Qu'ils aperçoivent. — Ils émeu-
vent. — Sachant. — Ayant vu. — Nous devions. — Tu
devrais. — Il a dû. — Vous savez. — Tu avais reçu. —
Elle apercevra. — Je savais. — Ils ont vu. — Qu'il eût
dû. — Que tu aies vu. — Que vous aperçussiez.

61° Exercice.

Faites le même travail que sur l'exercice précédent.

Tu apercevras. — Vois. — Devant. — J'aurai ému. —
Qu'ils dussent. — Tu aurais ému. — Ayant vu. — Ils
aperçoivent. — Qu'il vît. — Que nous ayons dû. — Qu'ils
aient aperçu. — Que nous devions. — Voyons. — Tu
sais. — Que nous ayons assis. — Avoir assis. — Je de-
vais. — Ils ont ému. — Je devrais. — Il avait promu.
— Que tu aies promu. — Je dois.

§ 140-142.

62° Exercic

Transcrivez successivement les verbes des trois premières conjugaisons qui se trouvent dans cet exercice, en indiquant la personne,
le nombre, le temps et le mode.

Zambeccari et ses deux compagnons virent enfin leur
ballon crever et descendre avec une force irrésistible :
comme la pluie les avait trempés jusqu'aux os au moment

où ils avaient passé dans un nuage, le froid ne tarda pas à les couvrir d'une couche de glace; certains qu'ils ne pourraient plus gouverner leur machine, ils durent cesser des efforts qui les auraient épuisés sans résultat. Ils se trouvaient alors vers le milieu de la mer Adriatique; la nacelle était à demi enfoncée dans l'eau et ils avaient la moitié du corps submergée. Il fut très-heureux pour eux que le ballon à demi dégonflé les empêchât par cela même de sombrer, et que la toile où s'engouffrait le vent fît l'office d'une véritable voile et les tînt à la surface.

Le jour enfin parut; ils se trouvèrent vis-à-vis de Pezzaro, ils étaient sur le point d'y aborder, quand un violent vent de terre les rejeta en pleine mer. Quelques bâtiments se montraient par intervalles; mais du plus loin que les hommes apercevaient cette machine flottante, croyant voir quelque monstre marin, ils se hâtaient de s'éloigner. Enfin un navire passa et entendit les cris de désespoir des malheureux. Une chaloupe que l'on en détacha aussitôt alla recueillir nos hardis aéronautes, qui devaient périr sans cette heureuse rencontre.

QUATRIÈME CONJUGAISON.

§ 143.

63ᵉ Exercice.

Transcrivez les formes verbales qui se trouvent dans cet exercice, en indiquant la personne, le nombre, le temps et le mode.

Il prenait. — Abattre. — J'ai cru. — Prends. — Que nous abattions. — Ayant pris. — Nous connaissons. — Nous apprîmes. — Avoir pris. — Ils auraient suivi. — Nous aurions connu. — Je suivrai. — Abattez. — Nous eûmes pris. — Nous aurions rendu. — Ils comprendraient. — Que j'aie abattu. — Qu'ils apprennent. — Faisant. — Que je fasse. — Que vous fissiez. — J'avais appris. — Il disait. — Avoir dit. — Suivant.

64° Exercice.

Faites le même travail que sur l'exercice précédent.

Je lus. — Que nous lussions. — Qu'il dise. — Écris.
— Je dirais. — Elle aura lu. — Que nous eussions appris. — Il lit. — Que vous écrivissiez. — Avoir tendu. — Elle a perdu. — Je perds. — Nous avions pendu. — — Pendez. — Qu'elle ait lu. — Ils écrivaient. — Que j'entendisse. — Entendant. — J'avais entendu. — Ils tendront. — Vous aurez fait. — J'ai écrit. — Ils auraient pendu. — Nous suivîmes. — Tu aurais fait. — Avoir fait.

§ 140-143.

65° Exercice.

Transcrivez les verbes des quatre conjugaisons qui se trouvent dans cet exercice, en indiquant la personne, le nombre, le temps et le mode.

Inventaire des poches de Gulliver, fait par les commissaires lilliputiens.

Premièrement, dans la poche droite de l'habit, après une visite exacte, nous n'avons trouvé qu'un morceau de toile grossière, assez grand pour servir de tapis de pied pour la grande chambre de parade de Votre Majesté, (c'était mon mouchoir). Dans la poche gauche, nous avons trouvé un grand coffre d'argent (ma tabatière), avec un couvercle que nous, commissaires, n'avons pu lever ; nous avons prié *le grand homme Montagne* (c'était moi) de l'ouvrir, et l'un de nous ayant pénétré dedans, a eu de la poussière jusqu'aux genoux, dont il a éternué pendant deux heures et dix-sept minutes. Dans la poche droite de sa veste, nous avons trouvé un paquet prodigieux d'une substance blanche et mince plié en rouleau, environ de la grosseur de trois Lilliputiens, et attaché d'un fort câble (un rouleau de papier).

Dans la poche gauche, il y avait une grande machine plate, armée de dents très-longues ; ces dents ressemblent aux palissades qui défendent l'entrée du parc de Votre Majesté (c'était mon peigne). Nous avons vu ensuite dans son gousset une machine très-merveilleuse, paraissant être un globe dont la moitié était d'argent et l'autre d'une substance lumineuse : nous avons appliqué nos oreilles à cette machine, elle faisait un bruit à peu près semblable à celui d'un moulin à eau. Nous avons conclu que c'était quelque animal (c'était ma montre).

66e Exercice.

Faites le même travail que sur l'exercice précédent.

Charles de Guise, détenu au château de Blois en 1591, effectua son évasion de cette manière. Il se mit un jour à jouer avec le chef des exempts qui l'accompagnait partout, et lui proposa de remonter à cloche-pied le long escalier de son donjon. Ils partent donc l'un et l'autre et se mettent à jouter à qui arrivera le premier. Le duc de Guise prit d'abord assez d'avance, puis, jugeant qu'on ne le verrait pas, il se prit à courir, et fit si bien, grimpa si lestement, en fermant toutes les portes derrière lui, que le malheureux exempt, qui finit par deviner la ruse, eut beau s'élancer, pousser, enfoncer les portes, quand il arriva au haut du donjon, il ne trouva plus son prisonnier, mais bien une échelle accrochée à une fenêtre qui donnait sur la campagne et au moyen de laquelle le duc avait gagné la plaine.

§ 144-145.

67e Exercice.

Donnez les temps primitifs de tous les verbes contenus dans cet exercice, en vous aidant au besoin du tableau des verbes irréguliers (pages 56 et 57 de la Grammaire).

La Bible surpasse en naïveté, en vivacité, en grandeur, tous les écrivains de Rome et de la Grèce. Jamais Homère n a même approché de la sublimité de Moïse; dans ses cantiques, particulièrement le dernier qui commence ainsi : *Le Dieu des Dieux, le Seigneur a parlé et il appelé la terre,* il confond toute imagination humaine. Quel autre poëte a pu égaler Isaïe peignant la majesté de Dieu aux yeux duquel les royaumes ne sont qu'un grain de poussière; l'univers qu'une tente qu'on dresse aujourd'hui et qu'on lève demain? » Tantôt ce prophète a toute la douceur et toute la tendresse d'une églogue dans les riantes peintures qu'il fait de la paix, tantôt il s'élève jusqu'à laisser tout au-dessous de lui.

Lisez encore Daniel dénonçant à Balthazar la vengeance de Dieu toute prête à fondre sur lui, et cherchez dans les plus sublimes poëmes de l'antiquité quelque chose qu'on puisse lui comparer. Au reste, tout se soutient dans l'Écriture, tout y garde le caractère de grâce, de justesse, de naïveté simple et douce et de divine grandeur

§ 146

68ᵉ Exercice.

Du présent de l'infinitif formez le futur simple et le présent du conditionnel des verbes suivants :

Manger. — Envahir. — Renverser. — Défendre. — Tomber. — Haïr. — Apercevoir. — Descendre. — Pousser. — Blanchir. — Percevoir. — Condescendre. — Donner. — Enrichir. — Concevoir. — Redescendre. — Porter. — Fléchir. — Devoir. — Répandre.

§ 147.

69ᵉ Exercice.

Du présent de l'indicatif formez l'impératif des verbes suivants :

Je ronge. — Je fléchis. — Je vois. — Je fends. — J'attache. — Je franchis. — Je pourvois. — Je pourfends.

§ 148.

70° Exercice.

Du prétérit formez l'imparfait du subjonctif.

Je jugeai. — J'alourdis. — Je dus. — Je fendis. — Je
condamnai. — J'affadis. — Je plus. — Je pendis. — Je
déjeunai. — J'assourdis. — Je pus. Je surpris. — Je
croquai. — J'amoindris. — Je sus. — Je pris.

§ 149.

71° Exercice.

Du participe présent formez l'imparfait de l'indicatif.

Grimaçant. — Dégourdissant. — Recevant. — Com-
prenant. — Hurlant. — Enlaidissant. — Apercevant. —
Surprenant. — Arrachant. — Étourdissant. — Concevant.
— Rendant.

Formez le présent du subjonctif.

Arrêtant. — Grandissant. — Percevant. — Tendant.
— Pleurant. — Roidissant. — Devant. — Attendant. —
Ratissant. — Verdissant. — Redevant. — Détendant. —

§ 150.

72° Exercice.

Du participe passé formez tous les temps accomplis, dans les verbes
suivants :

Labouré. — Obéi. — Vu. — Entendu. — Pensé. —
Agi. — Pu. — Prétendu. — Râpé. — Élargi. — Pourvu.
— Revendu. — Rangé. — Mugi. — Su. — Étendu.

§ 146-150.

73ᵉ Exercice.

Mettez aux temps indiqués chacun des verbes contenus
dans cet exercice.

Le samedi soir, le duc de Bourgogne (*tenter* — prétérit)
un dernier assaut contre Nancy ; mais les habitants le
(*repousser* — prétérit), animés qu'ils (*être* — imparfait)
par l'espoir, et heureux de (*voir* — présent de l'infinitif)
déjà sur les tours de Saint-Nicolas les joyeux signaux de la
délivrance. Le lendemain, par une grosse neige, le duc
(*quitter* — présent de l'indicatif) son camp en silence et
(*aller* — présent de l'indicatif) au-devant des troupes qui
(*venir* — imparfait de l'indicatif) au secours des assiégés,
(*compter* — participe présent) leur (*fermer* — présent de
l'infinitif) la route avec son artillerie. Il n' (*avoir* — imparfait de l'indicatif) pas lui-même beaucoup d'espérance ; comme il (*mettre* — imparfait de l'indicatif) son
casque, le cimier tomba de lui-même. « Ceci (*être* — présent de l'indicatif), (*dire* — prétérit) il, un avertissement
de Dieu, » et il (*monter* — prétérit) sur son grand cheval noir.

Les Bourguignons (*trouver* — prétérit) d'abord un ruisseau (*grossir* — participe passé) par les neiges fondantes ;
il (*falloir* — prétérit) le (*traverser* — présent de l'infinitif) ; puis on se (*mettre* — prétérit) en embuscade,
pour (*attendre* — présent de l'infinitif) les Suisses.

Ces masses de Suisses (*être* — imparfait de l'indicatif)
tellement nombreuses et épaisses que, tout en (*faire* — participe présent) front aux Bourguignons et les (*occuper* —
participe présent) tout entiers, il leur (*être* — prétérit)
facile de s' (*emparer* — présent de l'infinitif) des hauteurs
qui les (*dominer* — imparfait de l'indicatif).

Se voyant (*prendre* — participe passé) en flanc, les
fantassins (*lâcher* — prétérit) pied. La cavalerie ne (*pouvoir* — imparfait de l'indicatif) seule (*résister* — présent

de l'infinitif) à cette masse de vingt mille hommes. Aussi la déroute (*être* — prétérit) bientôt complète. Les fuyards furent (*entraîner* — participe passé) par la pente même du terrain au confluent de deux ruisseaux, près d'un étang (*geler* — participe passé). La glace ne (*pouvoir* — prétérit) porter tant de gens de pied et de cavaliers. Elle se (*rompre* — prétérit) de tous côtés, et c'est là que (*venir* — prétérit) s'(*engloutir* — présent de l'infinitif) la fortune jusqu'alors si brillante de la maison de Bourgogne.

Ce (*être* — prétérit) dans cet étang que Charles le Téméraire (*périr* — prétérit). On l'y (*trouver* — prétérit) sous la glace, horriblement (*mutiler* — participe passé).

CONJUGAISON DE LA VOIX PASSIVE.

§ 151.

74ᵉ Exercice.

Transcrivez les formes verbales qui se trouvent dans cet exercice, en indiquant la personne, le genre, le nombre, le temps et le mode.

Il avait été entendu. — Nous fûmes loués. — Elle aura été obscurcie. — Sois obéie. — Que j'eusse été approuvée. — Ayant été vendu. — Que tu sois trahi. — Qu'ils aient été relâchés. — Avoir été adulé. — Je suis servi. — Soyons écoutés. — Que vous soyez laissés. — Tu es lu. — Qu'elles aient été écrites. — Étant informé. — Il est terminé. — Nous serons honorés. — Elles auraient été averties. — Nous avions été engagés. — Avoir été vaincu. — Être loué.

75ᵉ Exercice.

Faites le même travail que sur l'exercice précédent

Que j'eusse été comprise. — Vous serez employées. — Il a été observé. — Nous serons choisis. — Tu fus critiqué. — Nous eûmes été étonnés. — Ils avaient été faits. — Avoir été reçu. — Vous fûtes vus. — Il aura été surpris. — Elle a été dévorée. — Ils étaient reçus. — Ils ont été délaissés. — J'aurais été crue. — Vous aurez été surprises.— Je suis tourmenté. — Ils eurent été blâmés. — Nous avons été débarqués. — Tu étais tourmenté. — Je serai lu. — Vous aurez été aperçues. — Qu'elles soient vendues. — Que nous fussions écoutés. — Qu'elles eussent été écrites. — Qu'ils fussent employés. — Sois entendu. — Que tu eusses été loué.

76ᵉ Exercice.

Transcrivez successivement, selon la voix à laquelle ils appartiennent, les verbes qui se trouvent dans cet exercice, et indiquez-en la personne, le nombre, le temps et le mode.

Mazeppa continua : « Les chevaux viennent vers nous avec fierté; mais par quelles mains sont tenues les rênes? Voilà mille chevaux, et pas un seul cavalier. Le vent agite leur queue, et leur superbe crinière n'a jamais été touchée par personne; jamais leurs larges naseaux n'ont senti la bride, leur bouche n'est pas ensanglantée par le mors, leurs pieds ne connaissent point les fers, jamais leurs flancs n'ont été insultés par le fouet ni l'éperon. Ce sont des chevaux libres et sauvages comme les flots de l'Océan.

« Le coursier qui me portait tomba enfin épuisé de chaleur et de fatigue, et je sentis que j'étais libre, mais seul au milieu des steppes.

77ᵉ Exercice.

Faites le même travail que sur l'exercice précédent.

Je vous dirai, mon fils, avec la sincérité avec laquelle je suis obligé de vous parler, que j'ai un extrême chagrin que vous fassiez tant de cas de toutes ces lectures frivoles qui ne doivent servir tout au plus qu'à vous délasser quelquefois, mais qui ne devraient point vous tenir autant à cœur qu'elles le font. Vous êtes engagé dans des études très-sérieuses, et pendant que nous payons des maîtres pour vous instruire vous devez éviter tout ce qui peut dissiper votre esprit et vous détourner de votre étude; non-seulement votre conscience et la religion vous y obligent, mais vous devriez avoir assez de considération pour moi, pour vous conformer un peu à mes sentiments.

Je ne dis pas que vous ne lisiez quelquefois des choses pont votre esprit soit diverti, et vous voyez que par mes soins il vous a été mis entre les mains assez de livres pour vous amuser. Croyez-moi, mon cher fils, quand vous saurez parler de romans, vous n'en serez guère plus avancé pour le monde, et ce ne sera point par ces endroits-là que vous serez le plus estimé.

Ne regardez pas ce qui vous est dit là comme une réprimande, mais comme les avis d'un père qui vous aime tendrement et qui ne songe qu'à vous donner des marques de son amitié.

§ 151.

78° Exercice.

Mettez au temps correspondant du passif les formes suivantes :

Ayant donné. — Avoir reçu. — Que vous eussiez blâmé. — Qu'il ait protégé. — Que j'acceptasse. — Que nous réunissions (présent). — Tu auras croqué. — Il punira. — Vous aviez pris. — J'eus remarqué. — Ils ont battu. — Nous reçûmes. — Tu vendais. — Je pousse.

79° Exercice.

Remplacez les verbes actifs par des verbes passifs dans les phrases suivantes :

Les chasseurs n'ont pas remarqué les traces du lion. Le jardinier a soigné très-attentivement ces rosiers. Les vents contraires retinrent longtemps la flotte des Grecs.

Des calamités sans nombre désolèrent la France à la fin du seizième siècle.

On accorda des lettres de noblesse à Jeanne d'Arc et à sa famille.

Cette héroïne sauva la France.

Tous les siècles honoreront la mémoire de saint Louis.

On découvrit le nouveau monde à la fin du quinzième siècle.

De grands écrivains ont raconté les hauts faits des Grecs et des Romains.

Un fanatique, nommé Ravaillac, assassina Henri IV.

80ᵉ Exercice.

Remplacez les verbes passifs par des verbes actifs dans les phrases suivantes :

Si vous enduisez votre corps de miel, vous serez piqué par les frelons.

Si une vache t'est offerte, cours vite chercher la corde.

Un loup n'est jamais mangé par un autre loup.

Un chêne n'est pas abattu d'un seul coup.

Le renard est bien fin; mais celui par qui il est pris est encore plus fin.

La vertu n'est pas ôtée par la pauvreté, de même qu'elle n'est par donnée par les richesses.

Quand notre colère a été domptée par nous, notre plus grand ennemi a été vaincu.

Que vos amis soient loués par vous en public; qu'ils soient réprimandés par vous en secret.

Bien des amitiés sont détruites par le silence.

Le printemps n'est pas fait par une hirondelle.

Souvent les choses fort utiles sont dites par un sot.

Les hommes sont changés par les honneurs.

Tout un troupeau est gâté par une brebis galeuse.

La colère est calmée par une douce parole.

CONJUGAISON DE LA VOIX RÉFLÉCHIE

§ 154-155.

81ᵉ Exercice.

Transcrivez les formes verbales qui se trouvent dans cet exercice, en indiquant la personne, le genre, le nombre, le temps et le mode.

Nous nous retirons. — Nous nous sommes entendues. — Vous vous flattez. — Elles se seront égarées. — Je me suis aperçu. — Vous vous êtes séparés. — Asseyez-vous. — Qu'ils se trompassent. — Qu'ils se fussent découverts. — S'étant égaré. — Se voyant. — Tu te rendras. — Vous vous trahiriez. — S'étant dévoilée. — Ils se manifestaient. — Manifesté. — Qu'ils s'abandonnent. — Que nous nous soyons livrées. — Que je me privasse. — Ils se comprirent. — Il s'écoute. — Nous nous étions inquiétés. — Vous vous fûtes corrompues. — Je me garantirais.

82ᵉ Exercice.

Faites le même travail que sur l'exercice précédent, et de plus indiquez par les lettres v. p. (verbes pronominaux) ceux dont la forme active est inusitée.

Tu te méprenais. — Nous nous sommes évadés. — Que je me fusse contentée. — Je me hais. — Ils se seraient empressés. — S'être négligé. — Il s'étudiait. — S'ouvrir. — Je m'étais avancée. — Nous nous écriâmes. — Repentez-vous. — Elles se dégoûtèrent. — Nous nous soucions. — Ils s'enflamment. — Désistons-nous. — Se désister. — Elle s'écoule. — Que nous nous soyons évanouis. — Vous vous troublez. — Qu'il s'envolât. — Nous nous fûmes enfuis. — Qu'elle se fut écroulée. — S'étant dissipé. — Que tu te fusses déchaînée. — Nous nous enquîmes. — S'étant souvenu.

§ 154-156.

83ᵉ Exercice.

Mettez à la voix réfléchie les verbes suivants :

Nous poussons. — Il livrait. — Vous haïssez. — Il aperçoit. — Je défends. — Ils conduiront. — Tu enrichis. — Vous élevâtes. — Nous rafraîchirons. — Ils répandirent. — Il découvrit. — Juger. — Il alourdissait. — Nous aurions vu. — Je comprends. — Ils corrompront. — Allongeant. — Qu'il ait attendri. — Nous entrevîmes. — Rends, — Lire. — Taisons. — Réjouissez. — Arrange. — Il a compris.

84ᵉ Exercice.

Faites le même travail que sur l'exercice précédent.

(*Hâter* — impératif) lentement.

Il ne faut pas (*mêler*) des affaires d'autrui.

[l convient mieux à une femme de (*parer*) de sa vertu, que de (*vêtir*) d'un manteau de pourpre.

Ne (*fier* — impératif) pas aux apparences.

(*Souvenir* — impératif) de conserver dans le malheur un mâle courage et ne (*enivrer* — impératif) jamais d'un fol orgueil quand vous (*enrichir* — futur antérieur).

On loue la probité.... et on la laisse (*morfondre*).

Quand on (*porter* — présent de l'indicatif) bien, on donne facilement des conseils aux malades.

Il faut (*réjouir*) avec modération et (*plaindre*) avec mesure; car le chagrin et la joie (*entremêler* — présent de l'indicatif) de tout temps dans nos jours.

L'homme (*tourmenter* — présent de l'indicatif) vainement et (*consumer* — présent de l'indicatif) en soucis inutiles, parce qu'il ne sait pas (*contenter*) de peu.

Un arc toujours tendu (*rompre* — présent de l'indicatif); un esprit toujours relâché (*énerver* — présent de l'indicatif).

§ 155.

85ᵉ Exercice.

*Mettez au parfait les verbes réfléchis contenus dans cet exercice,
et faites accorder les participes.*

Vos maîtres se plaignent de votre inattention.

Nous ne nous payons pas de vos mauvaises raisons.

Ses succès se soutiennent pendant toute l'année.

Elle s'émeut fort mal à propos.

Cette jeune fille se distrait en lisant de jolis contes.

Vous vous conduisez, ma chère enfant, admirablement
bien.

Ils se tirent difficilement de leurs embarras.

Nos relations amicales se continuent toujours, à mon
grand plaisir.

Cette planche se fend de plus en plus par suite de
l'excessive sécheresse.

§ 157.

86ᵉ Exercice.

*Soulignez d'un trait simple les verbes réfléchis et d'un double trait
les verbes réciproques contenus dans cet exercice.*

Ces deux voisins se nuisent par leurs propos indiscrets.

S'ils agissent ainsi, ils ne se repentiront pas de ce
qu'ils auront fait.

Quand les chevaux se battent, c'est qu'il n'y a plus de
foin au râtelier.

Nous nous estimons tous les jours davantage.

Après s'être vivement injuriés, ils ont été sur le point
de se battre.

Ils ne s'étaient pas trompés dans leurs calculs.

A force de se disputer, ils finiront par ne plus s'entendre du tout.

Nous nous sommes fourvoyés dans une mauvaise affaire.

Ils se fâchent, ils s'irritent pour des riens.

Nous nous sommes bien amusés à ce bal.

Nous nous sommes brouillés et raccommodés dix fois en un jour.

Les personnes sages se contentent de peu.

VERBES NEUTRES

OU VERBES TRANSITIFS INDIRECTS ET VERBES INTRANSITIFS.

§ 158.

87e Exercice.

Soulignez les verbes neutres contenus dans cet exercice.

Mais après ce triomphe quelle nuit vient succéder au jour !

Le vaisseau victorieux ne peut plus voguer ; ses voiles, son gouvernail sont impuissants et deviennent inutiles et gênants. Le voilà battu par les vents, percé de coups de canon ; dans ses flancs entr'ouverts, on entend bruire l'eau qui se précipite avec impétuosité. Et comment sortir de ce cruel embarras ? l'équipage n'est plus composé que de blessés et de mourants. Le sang jaillit de toutes parts sur le pont ; ceux qui n'ont pas péri sous le feu de l'ennemi, sont près de mourir dans les affreux tourments que leur causent tant d'horribles blessures. Tous ces hommes sans force et sans énergie voient avec effroi le sort qui les attend : ils comprennent qu'il faut périr dans ces flots mugissants qui viennent déjà les soulever, les entraîner, et leur présenter une mort affreuse.

Quel spectacle pour le chef ! Tout ce que peuvent l'activité de la pitié et le sang-froid de la prudence est mis en usage, et ce jeune vainqueur parvient enfin à triompher des éléments comme de ses ennemis.

§ 159, 160.

88ᵉ Exercice.

Mettez au parfait les verbes neutres réfléchis contenus dans cet exercice.

Ces dames se plaisent beaucoup à la campagne.

Nous ne nous déplaisons pas dans cette habitation.

Elle se promet de recommencer le voyage qu'elle vient de faire.

Vous vous nuisez, mes enfants, par tant de précipitation.

Nous nous reprochons de n'avoir pas été vous voir.

Vous vous persuadez à tort qu'on est injuste à votre égard.

Elle se donne à elle-même un éclatant démenti.

§ 161-164.

89ᵉ Exercice.

Mettez au temps indiqué et avec l'auxiliaire qui convient, les verbes neutres contenus dans cet exercice.

Quand on (*arriver* — prétérit antérieur) au bûcher, le jeune fils d'Ulysse ne put voir la flamme pénétrer les étoffes qui enveloppaient le corps sans répandre de nouvelles larmes. « Adieu, dit-il, ô magnanime Hippias!... tu es délivré des misères où nous sommes encore, et tu en (*sortir* — parfait de l'indicatif) par le chemin le plus glorieux.

Le véritable bonheur consiste à se contenter du lot qui nous (*échoir* — parfait de l'indicatif).

Les témoins déposaient qu'autour de ces rayons
Des animaux ailés, bourdonnants, un peu longs,
(*Paraître*—plus-que-parfait de l'indicatif) longtemps.

Tous les esprits ne pas (*naître* — parfait de l'indicatif)

avec les qualités qu'il faut pour la délicatesse de ces belles
sciences qu'on nomme curieuses.

Si ma fille une fois met le pied dans l'Aulide,
Elle (*mourir* — parfait de l'indicatif); Calchas, qui
l'attend en ces lieux,
Fera taire nos pleurs, fera parler les dieux.

Les poëtes se plaisent à comparer les générations des
hommes à des fleurs qui (*éclore* — parfait de l'indicatif)
à peine, qu'elles se dessèchent et sont foulées aux pieds.

Ils ont vu Rome libre, autant qu'ils (*vivre* — parfait de l'indicatif).

VERBES UNIPERSONNELS

§ 165-168.

90ᵉ Exercice.

Distinguez les verbes unipersonnels et les verbes employés
unipersonnellement contenus dans cet exercice.

Il paraît qu'on n'a pu rien trouver.

Il a plu toute la matinée et il a neigé dans la nuit.

Il a fait plus froid cette semaine que toute la quinzaine
précédente.

Se peut-il que vous n'ayez pas pensé à une chose d'une
telle importance ?

Il faut bien céder quelque chose à un enfant quand il
s'y prend si poliment pour le demander.

Il vente, il tonne, il fait un temps affreux depuis huit
jours.

Il me semble qu'il y a bien loin d'ici en Sibérie.

VERBES IRRÉGULIERS ET DÉFECTIFS.

§ 169-179.

91ᵉ Exercice.

Donnez les temps primitifs des verbes irréguliers et défectifs
qui se trouvent dans cet exercice.

Que de fleurs écloses le matin sont mortes le soir !

Il faut autant de discrétion pour donner un bon conseil
que pour le suivre.

Rien de plus essentiel que d'acquérir un vrai discernement.

Il faut avoir bien de la vanité pour ne pas connaître sa
faiblesse.

La vraie raison consiste à vouloir toujours ce que veulent la raison et la justice.

Le vrai chrétien sait se faire des avantages de toutes
choses ; les maux qui lui viennent sont des biens que
Dieu lui envoie ; les biens qui lui manquent sont des
maux dont la Providence l'a garanti.

Il vaut mieux s'exposer à l'ingratitude que de ne pas
secourir les misérables.

La modestie sied au mérite.

Les sots sont toujours prêts à se fâcher et à croire
qu'on se moque d'eux.

92ᵉ Exercice.

Faites le même travail que sur l'exercice précédent

Le méchant a beau fuir la peine de son crime, il la
porte avec lui.

Il y va de votre réputation.

A Rome les parricides étaient cousus dans un sac avec
des animaux malfaisants, et jetés dans le Tibre.

C'est un supplice continuel de vivre sans règle et au hasard.

Ci-gît Scipion mort loin de son ingrate patrie.

On est né pour de grandes choses quand on a la force de se vaincre soi-même.

La véritable grandeur consiste à servir le maître des maîtres et à mettre en lui sa confiance.

L'homme se repaît souvent de vaines espérances.

C'est jouir soi-même du bonheur que de voir avec satisfaction le bonheur d'autrui.

Denys le Jeune déchu du trône ouvrit à Corinthe une école pour les enfants.

93ᵉ Exercice.

Faites le même travail que sur l'exercice précédent.

On ne se résout pas facilement à perdre l'estime d'autrui.

Socrate disait qu'il ne savait qu'une chose, c'est qu'il ne savait rien.

Il n'y a rien de si bon en soi que les hommes ne puissent tourner à de mauvais usages.

Ce peuple fait des casques et des boucliers de cuir bouilli.

Ce blé est très-difficile à moudre.

Homère, le plus grand poëte de la Grèce, florissait mille ans avant Jésus-Christ.

Il faut de plus grandes vertus pour soutenir la bonne fortune que la mauvaise.

César, impatient de n'être pas rejoint par ses troupes, passa la mer pour les ramener avec lui.

Les ennemis avaient rompu tous les ponts, coupé toutes les routes.

CHAPITRE SIXIÈME.

EXERCICES SUR L'ADVERBE.

§ 180.

94ᵉ Exercice.

Soulignez les adverbes contenus dans cet exercice.

Les marsouins vont presque toujours par troupes, et quelquefois si nombreuses, qu'elles couvrent toute l'étendue de mer que l'œil peut apercevoir : ils se plaisent extrêmement à jouer autour d'un vaisseau, quand ils en rencontrent un sur leur chemin, et même ils se détourneront pour l'accompagner. Ils s'amusent à sauter tous ensemble hors de l'eau, avec une si parfaite mesure dans tous leurs mouvements, qu'on pourrait croire, en les entendant retomber, qu'il n'y a qu'un seul poisson. Je me suis souvent penché sur le bord du vaisseau pendant des heures, uniquement pour les voir glisser par couples et sauter simultanément. Ce spectacle est fort curieux la nuit, surtout quand la mer devient lumineuse, soit par quelque propriété phosphorescente de sa nature, soit par la présence d'animalcules étrangers. Chaque poisson est en outre environné d'une sorte d'auréole d'étincelles bleues et scintillantes, qui laisse apercevoir sa tête et son corps, ou même le plus léger mouvement de sa queue, beaucoup plus distinctement qu'en plein jour.

§ 181.

95° Exercice.

Transcrivez les adverbes qui se trouvent dans cet exercice, en indiquant par les dénominations *manière, qualité, quantité, temps, lieu, pronominaux, numéraux, d'affirmation, de négation* et *conjonctifs*, à quelle classe ils appartiennent.

Il joue et il n'a pas fini son devoir.

Premièrement vous avez fait le mal, et deuxièmement vous n'avez pas empêché de le faire.

Cherchez partout, là, ici, où vous pourrez en un mot.

Un petit gourmand à qui l'on demandait s'il avait assez de bonbons, répondit : « Non, donnez-m'en trop. »

« Suis-je assez grosse comme cela ? dit la grenouille. — Nenni, répondirent ses compagnes. — Et comme cela ? — Nullement, ajoutèrent-elles. — Certes, j'y suis maintenant. — Assurément, non, vous n'en approchez pas. »

Comment ! vous ne viendrez pas nous voir ! Et quand donc viendrez-vous ?

Il babille sans cesse; aussi est-il souvent puni et continuellement réprimandé.

Conduisez-vous régulièrement, gentiment, et vous serez récompensé convenablement.

§ 183-185.

96° Exercice.

Mettez à toutes les formes du comparatif et du superlatif les adverbes qui suivent :

Gracieusement. — Peu. — Équitablement. — Éloquemment. — Judicieusement. — Innocemment. — Mal. — Faiblement. — Horriblement. — Brièvement. — Audacieusement. — Timidement. — Bien. — Savamment.

— Loyalement. — Soigneusement. — Indifféremment.
— Faussement. — Discrètement.

97ᵉ Exercice.

Transcrivez les adverbes susceptibles de degrés de comparaison qui
sont contenus dans cet exercice, en indiquant quel est leur degré
de signification.

Il a mal débuté dans cette nouvelle carrière; maintenant il va mieux ; plus tard, nous l'espérons, il ira très-
bien.

La jeune malade priait sa mère de lui donner à boire
aussi peu qu'elle voudrait; mais comme cette enfant allait
moins bien que la veille, on fut obligé de refuser.

Je ferai cela le moins mal possible, car j'ai très-peu
de temps pour le faire aussi bien que je le voudrais.

Vous allez très-loin dans vos discussions.

Vous n'agissez pas aussi prudemment que votre frère;
aussi serez-vous très-certainement réprimandé par votre
père, qui est très-bon, sans doute, mais peu patient.

Je sais que vous écrivez moins mal depuis quelque
temps; mais vous travaillez aussi négligemment que par
le passé.

CHAPITRE SEPTIÈME.

EXERCICES SUR LA PRÉPOSITION.

§ 186-189.

98° Exercice.

Soulignez les prépositions qui se trouvent dans l'exercice suivant.

Les deux armées furent bientôt en présence près de la ville de Mantinée. Celle des Lacédémoniens et de leurs alliés était de plus de vingt mille hommes de pied, et de près de deux mille chevaux ; celle de la ligue thébaine, de trente mille hommes d'infanterie et d'environ mille de cavalerie. Une des ailes de l'armée d'Épaminondas, formée en colonne, tomba sur la phalange lacédémonienne, qu'elle n'aurait peut-être jamais enfoncée s'il n'était venu lui-même fortifier ses troupes par sa présence et par un corps d'élite dont il était suivi. Les ennemis, effrayés à son approche, prennent la fuite : il les poursuit avec un courage dont il n'est plus le maître, et se trouve enveloppé par un corps de Spartiates qui font pleuvoir sur lui une grêle de traits. Après avoir longtemps écarté la mort et fait mordre la poussière à une foule de guerriers, il tombe percé d'un javelot dont le fer lui resta dans la poitrine. « Je laisse, dit-il en expirant, deux filles immortelles : la victoire de Leuctres et celle de Mantinée. »

§ 187.

99° Exercice.

Faites d'abord le même travail que sur l'exercice précédent, puis transcrivez les prépositions en indiquant par les numéros 1, 2, 3, 4, 5, 6 les différents rapports qu'elles expriment.

Léonidas, ayant appris de l'oracle qu'il fallait que lui ou Lacédémone pérît, n'hésita pas à se sacrifier pour sa patrie. Il exhorta ses compagnons à prendre un repas frugal, en ajoutant qu'ils souperaient ensemble chez Pluton. Ils répondirent par un cri de joie. Ému, malgré lui, sur le sort des deux Spartiates qui lui étaient unis par le sang et par l'amitié, il veut les charger de quelques dépêches pour Lacédémone : « Nous ne sommes pas venus avec toi, lui dirent-ils, pour porter des ordres, mais pour combattre ; » et sans attendre sa réponse, ils vont se placer dans les rangs qu'on leur avait assignés. Cependant Léonidas forme une entreprise audacieuse entre toutes ; vers le milieu de la nuit, il sort du défilé et marche droit à Xerxès, pour l'immoler ou périr au milieu de son camp. Après avoir renversé les postes avancés, il pénètre dans la tente du roi, qui avait déjà pris la fuite. Les Grecs se répandent par tout le camp et se rassasient de carnage. Les Perses surpris se défendaient mollement contre un ennemi si audacieux. Mais les premiers rayons du soleil offrant aux yeux des vaincus le petit nombre des vainqueurs, ceux-ci sont attaqués de toutes parts. Léonidas tombe percé de coups, après avoir tué de sa main un nombre considérable d'ennemis.

CHAPITRE HUITIÈME.

EXERCICES SUR LA CONJONCTION.

§ 190-198.

100e Exercice.

Soulignez les conjonctions qui se trouvent dans l'exercice
suivant.

Je m'étais chargé pendant quelques semaines d'un enfant accoutumé à faire ses volontés. Quoique la tâche
fût rude, je l'entrepris afin de le corriger jusqu'à ce qu'il
revînt à de meilleurs sentiments. Dès le premier jour,
quoiqu'il ne me connût encore qu'à peine, il essaya de
mettre ma patience à l'épreuve, parce que sans doute il
me croyait aussi faible que sa mère. Vers minuit, quand
il crut que je dormais profondément, il se lève et m'appelle. Quoique à moitié endormi, je vais à lui, et lui
demande s'il est malade, puisqu'il est sur pied à cette
heure. Il ne répond pas; car c'était tout ce que le petit
mutin voulait. Après que ce manége se fut renouvelé trois
fois, je pensai que mon tour devait venir aussi. Alors
prenant mon petit bonhomme par la main, sans l'instruire de ce que je voulais faire, je le conduisis dans un
cabinet noir et l'y laissai passer le reste de la nuit, criant,
pleurant, trépignant tant qu'il voulut; puis j'allai me
recoucher.

___

CHAPITRE NEUVIÈME.

DE L'INTERJECTION.

§ 199-203.

101ᵉ Exercice.

Soulignez les interjections qui se trouvent dans l'exercice suivant.

Un enfant gâté, à qui l'on avait toujours tout permis, était devenu si impressionnable à la plus petite contrariété, de même qu'au moindre sujet de joie, qu'il en avait continuellement les nerfs agacés. Un léger chagrin venait-il l'assaillir, c'était tout de suite des ah ! ciel ! hélas ! miséricorde ! mon Dieu, mon Dieu ! qui ne finissaient pas. Était-il content, il ne se modérait pas davantage et toute la maison retentissait des exclamations de sa joie : oh ! quel bonheur ! bon, bon ! vivat! etc. Un jour il eut cependant la raison de demander à un des amis de son père comment il se guérirait de ces folles exagérations. « Quand l'impatience ou la colère vous prend, lui dit celui-ci, ou quand une joie irréfléchie vous emporte, récitez incontinent tout l'alphabet, depuis A jusqu'à Z. » L'enfant suivit ce conseil, et aujourd'hui, dit-on, il s'en trouve fort bien.

102ᵉ Exercice.

Employez dans les phrases ci-dessous les interjections données entre parenthèses.

Vous voilà donc enfin, monsieur le coureur (*Eh !*).
Jean, dépêchez-vous d'arriver (*Allons donc !*).
Ceux qui soufflent le chaud et le froid (*Arrière !*).

Voilà encore un oiseau d'attrapé (*Bon!*).

Mon petit ami, vous viendrez à bout de tout terminer aujourd'hui (*Courage!*).

Parlez bas, votre mère dort (*Chut!*).

Il tombe et la cruche se brise en mille pièces (*Crac!*).

Quelle chance pour nos petits écoliers! un congé de plus (*Dieu!*).

Dérangez-vous donc (*Gare!*)

Le vilain petit menteur (*Fi!*).

Il fallut qu'il fît huit jours de prison pour cette étourderie (*Hélas!*)

Qu'avez-vous maintenant à répondre? (*Eh bien!*).

Nous l'échappons belle (*Ouf!*).

Le chat a mangé mon oiseau (*Miséricorde!*).

Dans les rangs (*Silence!*)

Que vous êtes beau et fier aujourd'hui (*Peste!*).

DEUXIÈME PARTIE.

SYNTAXE.

CHAPITRE PREMIER.
EXERCICES SUR LA SYNTAXE D'ACCORD.

I. — ACCORD DU NOM.
§ 208.
103ᵉ Exercice.

Soulignez dans cet exercice les noms qui désignent la même
personne ou le même objet.

Un jour les abeilles, race infatigable mais orgueilleuse,
montèrent jusque dans l'Olympe, séjour des dieux, et vin-
rent au pied du trône de Jupiter, le maître du ciel et de
la terre, pour le prier d'avoir égard aux soins qu'elles
avaient pris de son enfance, quand elles le nourrirent de
leur miel sur le mont Ida. Ce dieu voulait leur accorder
les premiers honneurs entre tous les petits animaux;
mais Minerve, déesse de la sagesse, qui préside aux arts,
lui représenta qu'une autre espèce d'insectes disputait
aux abeilles la gloire des inventions utiles. « Ce sont les
vers à soie, » dit-elle. Jupiter ordonna à Mercure, dieu du
commerce et messager de l'Olympe, d'aller chercher sur
les ailes du Zéphire ce petit peuple. Chacune des deux
parties soutint ses droits par des ambassadeurs. Jupiter,
embarrassé de la décision, déclara enfin que les abeilles
tiendraient le premier rang. « Quel moyen, dit-il, de les
dégrader? je leur ai trop d'obligation; mais je crois que
les hommes, justes appréciateurs du mérite, doivent encore plus aux vers à soie. »

II. — ACCORD DE L'ARTICLE.

§ 209-210.

104ᵉ Exercice.

Ajoutez, en suivant la règle d'accord, les articles qui manquent
dans cet exercice.

Alcibiade avait — origine illustre, — richesses considérables, — figure distinguée, — grâces séduisantes,
— esprit facile et étendu, — honneur enfin d'appartenir
à Périclès. Dans — âge où l'on n'a besoin que d'indul-
gence et de conseils, il eut — cour et — flatteurs. Socrate, qui prévit de bonne heure que ce jeune homme
serait — citoyen dangereux pour Athènes, s'il ne met-
tait toute son ambition à se rendre utile à sa patrie,
rechercha son amitié et entreprit de modérer cette vanité qui ne pouvait souffrir dans — monde ni de supé-
rieur ni d'égal. Alcibiade parut à — tribune aux haran-
gues; quoiqu'il hésitât quelquefois pour trouver — mot
propre, il fut regardé comme un des plus grands orateurs d'Athènes. Dans — moment d'ivresse, le peuple
proposait de rétablir — royauté en sa faveur; mais il ne
voulait pas être roi d'— petit État comme Athènes, il lui
fallait — vaste empire qui lui donnât — moyen d'en
conquérir d'autres. — Grèce, disait-on, aurait eu trop de
deux Alcibiades; ajoutons qu'Athènes en eut trop d'un.

III. — ACCORD DE L'ADJECTIF.

§ 212.

105ᵉ Exercice.

Faites accorder en genre et en nombre les adjectifs
contenus dans cet exercice.

Depuis le commencement de ce siècle surtout, d'*intrépides* explorateurs se sont succédé sur le sol de l'Afrique,

dont l'intérieur commence à peine à être connu. Ces *hardi* tentatives que le monde entier a applaudies, n'ont pas toutes été couronnées de succès. Quelques-unes ont été *fatal* à leurs auteurs; d'autres ont tourné à la fois au profit de la science et à la gloire d'hommes *modeste* et *dévoué*, dont toutes les société *savant* se sont plu à honorer les noms. L'Afrique est restée la moins *connu* de *tout* les parties du monde, et, jusqu'à ces *dernier* temps, la plus *dédaigné*. Les nations *classique* de l'antiquité, qui colonisèrent ou occupèrent ses côtes *septentrional*, avaient leurs *grand* intérêts tournés vers l'Occident et le Nord, et n'ont guère connu du monde *africain* que l'*étroit* lisière où vivaient leurs planteurs, leurs trafiquants et leurs chasseurs d'hommes et de bêtes fauves. L'Afrique *intérieur* demeura pour les anciens la région du mystère et des fables. L'*étrange* et souvent *hideux* aspect qu'y revêtent la nature et l'homme; des contrées *immense* entièrement abandonnées au parcours et à la dent des bêtes *féroce*; par delà, d'*incommensurable* déserts de sable; le destin *funeste* des éclaireurs qui osaient s'y aventurer; tout enfin se réunissait pour élever d'*effrayante* barrières au sud de la zone *méditerranéen* du continent *africain*.

§ 213.

106ᵉ Exercice.

Faites accorder les adjectifs contenus dans cet exercice
avec les noms qu'ils qualifient.

La fauvette des bois a des allures et un caractère *gai*, *alerte*, *vif*. On l'entend souvent pousser des cris et des plaintes *aigu* et *subit* qui annoncent chez elle la joie et le chagrin *ressenti* alternativement. Quand dans les *beau* jours elle voit les arbustes et les herbes *fleuri*, et qu'elle sent les *doux* émanations du printemps, *alors* elle commence d'*interminable* chansons et elle ravit les villageois et les villageoises *rassemblé* pour la moisson.

§ 214.

107ᵉ Exercice.

Faites le même travail que sur l'exercice précédent.

La mésange *cendré* vit *caché* dans les buissons les plus *retiré*, au centre des forêts, où elle se tient *blotti* pendant l'hiver ; mais quand elle sent que la température est devenue plus *chaud*, elle va à la picorée ; elle ramasse *tout* les *petit* graines qu'elle trouve *épars* sur la terre et, les prenant *gros* ou *petit* dans son bec, elle les porte dans une cachette qu'elle sait bien *secret* et bien *ignoré*, et les conserve pour les *mauvais* jours.

IV. — ACCORD DU PRONOM.

1° Accord du pronom personnel.

§ 215-218.

108ᵉ Exercice *.

Employez dans les phrases suivantes le pronom personnel à la personne qui convient. Mettez aussi le verbe à la personne voulue.

Jules et moi (*lire* — présent de l'indicatif) une charmante histoire.

Ton frère et toi (*venir* — futur) demain me voir.

Les officiers et les soldats (*se battre* — parfait de l'indicatif) avec courage.

Toi et moi (*avoir* — présent de l'indicatif) tort tous les deux.

Mes amis et moi (*se rencontrer* — parfait de l'indicatif).

Vos cousines et vous (*se disputer* — imparfait de l'indicatif) à tort.

---

* Cet exercice répond également au § 229.

2° Accord du pronom relatif.

§ 219-220.

109° Exercice.

Transcrivez les pronoms relatifs qui se trouvent dans cet exercice, ainsi que leurs antécédents ; puis indiquez-en le genre et
le nombre.

Des moutons qui étaient en sûreté dans leur parc, dor-
maient ainsi que les chiens, et le berger, qui était assis
à l'ombre d'un grand ormeau, jouait de la flûte avec
d'autres bergers voisins. Un loup que la faim pressait vint,
par les fentes de l'enceinte, reconnaître quel était l'état
du troupeau. Un jeune mouton, sans expérience et qui
n'avait jamais rien vu, entra en conversation avec lui.
« Que venez-vous chercher ici ? dit-il au glouton. —
L'herbe tendre et fleurie, répondit le loup. Vous savez
que rien n'est plus doux que de paître dans une verte
prairie émaillée de fleurs que le printemps fait naître, et
d'aller se désaltérer dans un clair ruisseau. J'ai trouvé ici
les biens que je cherchais. Que faut-il davantage? J'aime
la philosophie qui enseigne à se contenter de peu. —Est-
il donc vrai, repartit le jeune mouton, que vous ne man-
gez point la chair des animaux et qu'un peu d'herbe vous
suffit? Si cela est ainsi, faisons amitié, et vivons ensemble. » Aussitôt le mouton sort du parc pour aller dans
cette prairie dont on lui a fait une si délicieuse peinture; mais le sobre philosophe dont il ne se méfie pas et
par lequel il se laisse conduire, le met en pièces et le dé-
vore.

V. — ACCORD DU VERBE.

§ 223-227.

110ᵉ Exercice.

Transcrivez les verbes contenus dans cet exercice, et indiquez
le genre, le nombre, la personne du sujet de chaque verbe.

Tandis qu'auprès d'un bon feu, je questionnais le su-
périeur du couvent du mont Saint-Bernard, sur les suites
de l'ouragan dont j'avais failli être la victime, les religieux étaient allés remplir leurs devoirs journaliers ; chacun avait pris son poste dans ces montagnes de glace.
Quelques-uns de ces sublimes solitaires gravissaient des
pyramides de granit qui bordent le chemin pour répondre aux cris de détresse, d'autres frayaient des sen-
tiers dans la neige, tous bravaient le froid et le danger
des avalanches. Déjà depuis une heure entière cinq religieux étaient sur les traces des voyageurs, lorsque les
aboiements des chiens nous annoncèrent leur retour. Compagnons courageux des courses de leurs maîtres, ces dogues intelligents vont à la recherche des malheureux. A la
voix de ces fidèles auxiliaires, le voyageur transi reprend
l'espérance ; il suit leurs vestiges toujours sûrs. Lorsque
les éboulements de neige engloutissent un voyageur, les
dogues de Saint-Bernard, le découvrent sous l'abîme et
y conduisent les religieux, qui retirent le corps pour le
rappeler à la vie.

Bientôt l'hospice s'ouvrit à dix personnes qui étaient
transies de froid et épuisées de lassitude. Leurs conduc-
teurs oublièrent leurs propres fatigues, et depuis le linge
blanc jusqu'aux mets les plus restaurants, tout fut prêt
dans un instant et distribué sans distinction de rang,
d'âge ni de fortune.

§ 228.

111ᵉ Exercice.

Mettez à la personne voulue les verbes indiqués dans
les phrases suivantes.

Le chien et le chat (*être* — présent de l'indicatif) ennemis.

Le soleil et la lune (*éclairer* — présent de l'indicatif)
le monde.

Jules et Léon (*tomber* — parfait de l'indicatif) dans la
même faute.

Le lion et la panthère (*disparaître* — parfait de l'indicatif) de l'Europe.

La modestie et la politesse (*convenir* — présent de l'indicatif) à tous les âges.

Le mensonge et la paresse (*être* — présent de l'indicatif) deux vices odieux.

Le frère et la sœur (*réussir* — futur) dans le monde,
grâce à leurs charmantes qualités.

L'enfant et la mère (*succomber* — conditionnel antérieur), si on n'était pas venu à leur secours.

CHAPITRE DEUXIÈME.

EXERCICES SUR LA SYNTAXE DE RÉGIME

I. — RÉGIME DU NOM

§ 234-236.

112ᵉ Exercice.

Soulignez les noms contenus dans cet exercice et qui ont des
régimes ; soulignez aussi ces régimes.

Le dévouement de Léonidas et de ses compagnons pro-
duisit plus d'effet que la victoire la plus brillante. Il apprit aux Grecs le secret de leur force, aux Perses, celui
de leur faiblesse. Xerxès, effrayé d'avoir une si grande
quantité d'hommes et si peu de soldats, ne le fut pas
moins d'apprendre que la Grèce renfermait dans son
sein une multitude de défenseurs aussi intrépides que
les Thespiens et une réserve de huit mille Spartiates semblables à ceux qui venaient de donner un si bel exemple
de courage et de dévouement à la patrie. L'ambition de
la gloire, l'amour de la patrie, la soumission aux lois,
toutes les vertus du soldat et du citoyen furent portées au
plus haut degré, et les âmes à une élévation jusqu'alors
inconnue ; c'était le temps des grandes choses ; un barbare
seul pouvait espérer de donner des fers à des peuples
animés de si nobles sentiments.

II. — RÉGIME DE L'ADJECTIF.

§ 237.

113ᵉ Exercice.

Soulignez d'un trait simple les adjectifs contenus dans cet exercice
et qui ont des régimes, et d'un double trait les régimes de ces
adjectifs.

Un homme s'est rencontré d'une profondeur d'esprit
incroyable, hypocrite raffiné autant qu'habile politique.
actif dans la paix, infatigable dans la guerre, qui ne lais-
sait rien à la fortune de ce qu'il pouvait lui ôter par conseil et par prévoyance; mais au reste si vigilant et si
prêt à tout, qu'il n'a jamais manqué les occasions qu'elle
lui a présentées. Dieu voulait sans doute, en se servant
de cet homme, montrer par un grand exemple de quoi
l'hérésie est capable, combien elle est naturellement indo-
cile à la règle, indépendante de toute loi, combien elle est
fatale à la royauté et rebelle à toute autorité légitime.

§ 238-240.

114ᵉ Exercice.

Soulignez d'un trait simple la conjonction *que* qui suit le comparatif, et d'un trait double la préposition *de* qui marque le régime du
superlatif relatif.

Le seigneur Harpagon est, de tous les humains, l'humain le moins humain; le mortel, de tous les mortels, le
plus dur et le plus serré.

Apprenez qu'un gentilhomme qui vit mal est un monstre dans la nature; que je regarde bien moins au nom
qu'on porte qu'aux actions qu'on fait; et je ferais plus de
cas du fils d'un crocheteur qui serait honnête homme,
que du fils d'un monarque qui vivrait comme vous.

Comme il ne fut jamais une vertu plus pleine et plus

naturelle que celle de Turenne, il n'y en eut jamais de plus épurée de tout artifice.

Rien n'est moins capable de séduire les grands hommes que l'intérêt.

La plus rare de toutes les vertus est la modération dans la prospérité.

Cicéron n'était pas aussi brave et aussi intrépide que Caton.

L'Afrique est encore la moins connue de toutes les parties du monde.

Les plaisirs simples sont moins vifs et moins sensibles que les autres, mais ils sont les plus durables de tous.

III. — RÉGIME DU PRONOM.

§ 241.

115ᵉ Exercice.

Soulignez d'un trait simple les pronoms contenus dans cet exercice qui ont un régime, et d'un double trait les régimes de ces pronoms.

Une seule journée avait enlevé à Jérusalem ceux de ses chefs qui la défendaient le plus vaillamment. Il n'y avait plus pour garder le Saint-Sépulcre qu'une reine en pleurs, les enfants des combattants qui avaient péri à la bataille de Tibériade, et quelques fugitifs. Devancé par la terreur de ses victoires, Saladin se présenta bientôt sous les murs de cette capitale ; aucun des habitants n'espérait plus de salut que dans la miséricorde de Dieu et celle du vainqueur, et cependant le sultan avait juré sur le Coran qu'il détruirait la ville. Mais les docteurs de la loi et tous ceux des officiers qui avaient accès dans le conseil, le détournèrent de ce projet, et Jérusalem fut épargnée, ainsi que ceux de ses habitants qui avaient demandé grâce.

IV. — RÉGIME DU VERBE.

§ 242-246.

116ᵉ Exercice.

Soulignez d'un trait simple les régimes directs, et d'un trait double les régimes indirects des verbes contenus dans cet exercice.

L'étude, dit Rollin, supplée à la stérilité de l'esprit. Elle étend ses connaissances et ses lumières par des secours étrangers, porte plus loin ses vues, multiplie ses idées, les rend plus variées, plus distinctes et plus vives. Nous naissons dans les ténèbres de l'ignorance, et la mauvaise éducation y ajoute beaucoup de faux préjugés. L'étude dissipe les premières et corrige les seconds. Elle donne à nos pensées et à nos raisonnements la justesse et l'exactitude. Elle nous accoutume à mettre l'ordre et l'arrangement dans toutes les matières dont nous avons ou à parler ou à écrire. Elle nous présente pour guides et pour modèles les hommes les plus éclairés et les plus sages de l'antiquité.

L'étude donne aussi la capacité pour les affaires et pour les emplois ; de plus, elle fait acquérir l'amour du travail, elle en adoucit considérablement la fatigue.

RÉGIME DE LA VOIX ACTIVE

1° VERBES ACTIFS OU TRANSITIFS DIRECTS

§ 246.

117ᵉ Exercice.

Soulignez les régimes direct contenus dans cet exercice, ainsi que les verbes auxquels ils appartiennent.

GRICHARD. — Bourreau, me feras-tu toujours frapper deux heures à la porte ?

L'OLIVE. — Monsieur, je travaillais au jardin ; au premier coup de marteau, j'ai couru si vite que j'ai failli tomber en chemin.

GRICHARD. — Je voudrais que tu te fusses rompu le cou; que ne laissais-tu la porte ouverte?

L'OLIVE. — Eh! monsieur, vous me grondâtes hier, à cause qu'elle l'était. Quand elle est ouverte, vous vous fâchez; quand elle est fermée, vous vous fâchez aussi; je ne sais plus comment faire.

GRICHARD. — Comment faire? infâme!

L'OLIVE. — Oh çà! monsieur, quand vous serez sorti, voulez-vous que je la laisse ouverte?

GRICHARD. — Non.

L'OLIVE. — Voulez-vous que je la tienne fermée?

GRICHARD. — Non.

L'OLIVE. — Mais pourtant, monsieur, il faut qu'une porte soit ouverte ou fermée, choisissez. Comment la voulez-vous?

GRICHARD. — Je te l'ai dit mille fois, coquin, je la veux, je la..., mais voyez ce maraud-là! Est-ce à un valet à venir me faire de ces questions? Si je te prends, traître, je te montrerai bien comment je la veux.

§ 247.

118ᵉ Exercice.

Soulignez les régimes indirects des verbes actifs contenus dans cet exercice.

Comme une aumône, enfant, donne donc ta prière
A ton père, à ta mère, aux pères de ton père;
Donne au riche, à qui Dieu refuse le bonheur,
Donne au pauvre, à la veuve, au crime, au vice immonde.
Fais, en priant, le tour des misères du monde.
Donne à tous, donne aux morts—enfin donne au Seigneur.

Voyez notre fermier dans sa métairie; c'est un général dans son camp. Il distribue à chacun le rôle de la journée. Il dit à l'un : « Conduits tes bœufs au labour; » à l'autre il ordonne d'aller commencer la fenaison; il recommande au berger de veiller sur ses jeunes agneaux et d'apporter les plus grands soins à leur éducation première. Ainsi cet

homme pourvoit à tout, et chaque soir, quand il revient
à la ferme, il songe au bien-être qu'il procure à sa famille
et à l'avenir heureux que, par son économie et son activité, il prépare à ses enfants.

§ 248.

119ᵉ Exercice.

Soulignez les régimes directs précédés de *du, de la, des, de,*
qui se trouvent dans cet exercice.

Nous descendions en silence les rampes escarpées et
difficiles tracées dans cette montagne, quand tout à coup
nos éléphants poussèrent des cris inaccoutumés et jetèrent
çà et là des regards effarés; sans doute ils venaient de
sentir des émanations qui leur annonçaient l'approche
de tigres ou d'autres animaux, leurs ennemis naturels.
« Bientôt, me dit M. Smith, nous aurons sur les bras de
rudes jouteurs. » Il achevait à peine ces mots, que nous
vîmes des touffes d'herbes onduler, et bientôt deux oreilles dressées et des yeux ardents apparaître à cinquante
pas de nous. « C'est lui, s'écrièrent aussitôt nos Indiens à
qui la peur donna des ailes, c'est le mangeur d'hommes.»
En un clin d'œil toute notre escorte eut disparu. Fort
heureusement nous possédions de bonnes carabines, de
la poudre et des balles à l'avenant, et en une seule dé-
charge nous fîmes rouler le tigre expirant à nos pieds.

2° VERBES NEUTRES.

§ 249.

120ᵉ Exercice.

Soulignez d'un trait simple les régimes des verbes neutres contenus
dans les phrases suivantes, et d'un double trait les verbes auxquels
ces régimes appartiennent.

Ne profitez pas du malheur des autres pour leur nuire;
songez à vous-mêmes; car il peut vous arriver autant ou pis.

Luttez de bonne heure contre vos défauts, travaillez avec courage dès vos premières années; c'est le moyen le plus certain de vous assurer un heureux avenir.

Avant de parler, réfléchissez à ce que vous allez dire; on regrette souvent d'avoir parlé trop vite.

Si vous êtes injustement accusé d'une faute, ne vous affligez pas; vos actions passées se chargeront de votre défense et parleront pour vous.

C'est une chose difficile, mais bien glorieuse, que de régner sur ses passions.

Répondez par votre pieuse tendresse aux bienfaits de vos parents et de vos maîtres; pensez à toutes les peines qu'ils ont prises pour vous.

RÉGIME DE LA VOIX PASSIVE.

§ 250-251.

121ᵉ Exercice.

Mettez, après les verbes passifs contenus dans cet exercice, les prépositions qui doivent marquer leur régime propre.

Un philosophe dont toute la science avait été puisée dans les écrits des anciens, bien plutôt que dans les lois si simples de la nature, visita l'humble cabane d'un paysan, qu'il savait sage, heureux et considéré—tous ses voisins. Il voulait savoir—quels moyens tant d'avantages avaient été réunis. « — qui donc as-tu été instruit? lui dit-il; est-ce — les livres de Platon, de Socrate ou des sept sages de la Grèce? — Je ne connais pas ces hommes dont vous me parlez, répondit le paysan; le secret d'être heureux ne m'a été révélé — personne. Si je suis aimé — mes voisins, si je suis satisfait — peu, si je suis heureux, en un mot, les leçons et les exemples que j'ai sous les yeux ont été ma seule règle de conduite. Les grains amassés pendant l'été — la fourmi, m'ont appris l'économie; la tendresse et la fidélité qui me sont témoignées — mon

chien m'ont enseigné à exercer ces mêmes vertus envers
mes amis; les petits poussins si bien soignés — leur
mère, les tourtereaux si tendrement aimés — leurs compagnes, tant d'exemples donnés — la nature tout entière,
ne me disent-ils pas que mes enfants, mes amis, mes
voisins doivent être traités avec le même soin, la même
fidélité, le même amour? Voilà donc toute ma science.
Aimer les autres pour être aimé — eux, c'est là le secret
d'être heureux. »

§ 252.

122ᵉ Exercice.

Soulignez d'un trait simple le régime propre des verbes passifs contenus dans cet exercice, et d'un double trait le régime de ces
verbes qui répond au régime indirect des verbes transitifs.

*Le cardinal Ximénès, sous les murs d'Oran,
aux troupes espagnoles.*

Si de braves gens comme vous avaient besoin d'être
animés par des discours et par des personnes de profes-
sion militaire, je n'entreprendrais pas de vous parler,
moi qui n'ai point été formé à l'éloquence, ni élevé au
métier des armes. Je laisserais ce soin à quelqu'un de
ces vaillants capitaines par qui vous avez été souvent
menés à la victoire. Mais dans une expédition où il s'agit
du salut de l'État et de la cause de Dieu, j'ai cru que ma
voix serait écoutée de vous. Vous vous plaigniez depuis
longtemps que nos côtes fussent ravagées par les Maures,
que vos enfants fussent traînés en servitude, que nous
fussions tous sur le point d'être réduits en esclavage par
les Infidèles. Vous demandiez à être conduits sur ces ri-
vages pour venger tant de pertes et d'affronts. Vos vœux
ont été exaucés. Voyez cette région barbare : voilà devant
vos yeux les ennemis par qui vous avez été accablés de
maux pendant tant de siècles, et qui sont encore altérés
de votre sang. Que cette vue excite votre ardeur. Saisissez

l'occasion qui vous fut trop longtemps refusée par la fortune, de signaler votre courage aux yeux de l'univers.

RÉGIME DE LA VOIX RÉFLÉCHIE.

§ 253-254.

123ᵉ Exercice.

Transcrivez les verbes réfléchis contenus dans cet exercice, en indiquant s'ils ont, outre le pronom personnel, un autre régime, direct ou indirect, ou bien s'ils n'en ont pas.

Henri V d'Angleterre s'avance vers ses troupes qui ne se décidaient pas à l'assaut, et se tenaient hésitantes encore à quelques pas des murs d'Harfleur. « A la brèche! mes amis, s'écrie-t-il, à la brèche! Au lieu de nous affliger de leur trépas, couvrons-nous, s'il le faut, du corps du ceux qui ont déjà péri, roidissons-nous contre les obstacles, renversons tout ce qui s'oppose à nous, en un mot rendons-nous dignes de nos aïeux, qui ne se reposaient que quand ils s'étaient délivrés de leurs ennemis tués un à un. Ah! je vois enfin que vous vous êtes émus de mes paroles; vous rougiriez de vous arrêter plus longtemps au pied de ces murs qui déjà se dégarnissent de défenseurs, devant cette ville qui s'estimera heureuse tout à l'heure si nous la laissons debout. Prêt à m'élancer et à vaincre ou à mourir sous vos yeux, je m'enorgueillis d'avance de vos exploits. A la brèche donc! braves Anglais, et courons en poussant le cri de ralliement de nos aïeux : « Vive saint Georges! vive l'Angleterre! »

RÉGIME DES VERBES UNIPERSONNELS.

§ 256-257.

124ᵉ Exercice.

Soulignez, avec leurs régimes, les verbes unipersonnels, ou employés unipersonnellement, qui se trouvent dans cet exercice.

Il arriva à un officier de l'armée de Turenne de perdre deux chevaux dans le combat. Il lui aurait fallu une assez forte somme d'argent pour les remplacer, et cet officier manquait de ressources pour réparer cette perte. Il alla donc trouver Turenne : « Il dépend de vous, mon général, lui dit-il, que j'assiste à la prochaine bataille, s'il vous est possible de me faire donner un cheval. » Turenne lui en donna deux, et lui dit tout bas : « Il m'importe essentiellement que vous n'en disiez rien à personne; car si l'on savait ce que je fais aujourd'hui pour vous, demain je serais assailli de demandes, et je ne suis pas assez riche pour donner à tout le monde; il faut donc, monsieur l'officier, la plus grande discrétion de votre part. »

§ 261-264.

125ᵉ Exercice.

Remettez à leur place régulière les régimes directs et les régimes indirects qui se trouvent dans cet exercice.

Celui qui donne à un pauvre des habits, et celui qui donne de sages conseils à un pécheur, ont le même mérite devant Dieu. Cependant si l'un des deux devait être préféré à l'autre, il semble que ce serait le second, puisque le soin de l'âme est préférable à celui du corps. Mais à Dieu seul appartient le droit de juger de nos actions et de nos intentions : à chacun de nous il décernera la récompense et la punition, selon nos mérites. De notre obéissance à ses lois, de notre soumission à ses préceptes de charité, il ne peut résulter que bonheur pour nous ; vivre selon Dieu, c'est assurer à notre conscience le repos, à notre cœur la paix, c'est entrer dans l'espérance fondée qu'au jour du jugement nous obtiendrons miséricorde. A quiconque pourrait en douter, je montrerais quels sont dès cette vie les tourments de celui qui tente de se soustraire à la loi divine, de quelles angoisses, de quels remords le crime est suivi. Le Dieu que nous adorons est un Dieu de bonté, mais aussi un Dieu de justice ; les mauvais traitements que nous aurons exercés envers nos semblables, il les exercera à son tour envers nous ; les bienfaits que nous leur aurons accordés, il nous les rendra au centuple. De quel aveuglement ne faudait-il donc pas être frappé pour se mettre en révolte ouverte contre celui de qui nous dépendons et dans le temps et dans l'éternité ?

V. — RÉGIME DE L'ADVERBE.

§ 265.

126ᵉ Exercice.

Soulignez, avec leurs régimes, les adverbes contenus dans cet exercice.

Indépendamment des sommes que je vous ai remises moi-même, j'ai donné ordre qu'on vous fît parvenir de nouveaux secours.

Agissez conformément aux instructions que vous avez reçues de vos chefs.

Conséquemment à ce dont nous étions convenus, vous enverrez ces papiers à mon notaire.

Agissez convenablement à nos intérêts.

Ils se sont exercés tous les deux sur le même sujet, mais l'un l'a traité bien supérieurement à l'autre.

Il a montré plus d'audace que de prudence.

Trop d'hésitation nuit.

VI. — RÉGIME DE LA PRÉPOSITION.

§ 266.

127ᵉ Exercice.

Soulignez, avec leurs régimes, les prépositions qui se trouvent
dans cet exercice.

Au matin, dans le camp normand, l'évêque de Bayeux
célébra la messe et bénit les troupes. Toute l'armée se
divisa en trois colonnes d'attaque. A la première étaient
les gens d'armes venus des comtés de Boulogne et de
Ponthieu, avec la plupart des aventuriers engagés indi-
viduellement pour une somme ; à la seconde se trouvaient les auxiliaires bretons. Guillaume en personne
commandait la troisième, formée de la chevalerie nor-
mande. En tête et sur les flancs de chaque corps de bataille, marchaient plusieurs rangs de fantassins, armés
à la légère. Le duc montait un cheval d'Espagne. Au moment où les troupes allaient se mettre en marche, Guillaume, élevant la voix, leur parla en ces termes : « Pensez
à bien combattre, car si nous vainquons, nous serons
tous riches. » L'armée se trouva bientôt en vue du camp
saxon, au nord-ouest de Hastings. A portée de trait, les
archers commencèrent à lancer leurs flèches ; les fantassins armés de lances et les cavaliers s'avancèrent jusqu'aux redoutes et tentèrent de les forcer. Les Anglo-
Saxons, tous à pied, autour de leur étendard planté en
terre, et formant derrière leurs palissades une masse
compacte et solide, reçurent les assaillants à grands
coups de haches, brisant d'un revers les lances et les armures.

Guillaume ordonna de lancer les traits par-dessus les
remparts ; par cette manœuvre beaucoup d'Anglais furent blessés, Harold lui-même reçut une flèche dans l'œil.
Le duc alors usa d'un stratagème : il ordonna à mille cavaliers de battre en retraite. La vue de cette retraite

simulée fit perdre aux Saxons leur sang-froid; ils se débandèrent, et les Normands, profitant de cette faute, les mirent bientôt en pleine déroute.

VII. — RÉGIME DE L'INTERJECTION.

§ 269.

128ᵉ Exercice.

Soulignez, avec leurs régimes, les interjections contenues dans cet exercice.

Malheur à vous qui vous cachez au lieu de combattre !
Fi d'un tel honneur, quand il faut l'acheter aussi cher !
Trêve de plaisanterie !
Ah! voici Jules ! et voilà nos amis qui le suivent.
Nargue du chagrin !
Peste de l'importun qui racle encore son maudit violon !

RÈGLES DU PARTICIPE PASSÉ.

§ 270.

129ᵉ Exercice.

Faites accorder les participes contenus dans cet exercice.

Les hippopotames, *nommé* aussi chevaux de fleuves, vivent dans les lieux *écarté*, humides et peu *fréquenté*; leur peau *dénué* de poils, rude et *tendu*, est excessivement épaisse. Presque continuellement *plongé* dans les rivières ou *caché* dans les marais, ces sauvages animaux ne se mettent en campagne que quand la faim les presse; ils vont alors ravager les champs *planté* de riz ou de millet. La canne à sucre est surtout une nourriture fort *recherché* par eux; aussi les pauvres cultivateurs leur font-ils une guerre *acharné*, bien qu'il soit dangereux de les attaquer de front; car les hippopotames *arrivé* à un certain âge sont *doué* d'une grande force. L'ivoire *fourni* par leurs dents, et si *recherché* des tabletiers, sert principalement à faire des dents artificielles.

130ᵉ Exercice.

Faites le même travail que sur l'exercice précédent.

L'Afrique trop *oublié*, trop *dédaigné* peut-être, à cause de ses déserts affreux et constamment *brûlé* par le soleil, offre pourtant des ressources *varié* pour nos besoins et pour nos plaisirs; c'est là qu'on trouve la canne si *estimé* et beaucoup plus *pourvu* d'éléments *sucré* que celle *cultivé* en Amérique. On y recueille la poudre d'or *disséminé* dans les fleuves ou à peine *caché* dans le flanc des montagnes, les oliviers *parfumé*, la datte, le coco, si cher au voyageur *égaré*. Un jour peut-être, ces contrées, *resté* jusqu'à présent étrangères à notre civilisation, prendront les mœurs *policé* de notre Europe, et seront *recherché* par les populations qui se trouvent trop à l'étroit sur les autres continents.

§ 271.

131ᵉ Exercice.

Faites le même travail que sur les deux exercices précédents.

Au lever du soleil, des joncs fraîchement *déraciné* apparurent autour des vaisseaux. Une planche *travaillé* avec la hache, un bâton artistement *ciselé* à l'aide d'un instrument tranchant, une branche d'aubépine en fleur, enfin un nid d'oiseau *suspendu* à une branche *rompu* par le vent, *rempli* d'œufs que la mère couvait encore au doux roulis des vagues, flottèrent successivement sur les eaux. Les matelots recueillirent à bord ces témoins *écrit*, parlants ou vivants, d'une terre voisine. C'étaient les voix du rivage qui confirmaient celle de Colomb. Avant de contempler la terre des yeux du corps, on la concluait

par ces indices de vie. Les séditieux tombèrent à genoux
devant l'amiral *outragé* la veille; ils implorèrent le par-
don de leur défiance, et entonnèrent l'hymne de recon-
naissance au Dieu qui les avait associés à son triomphe.
En se promenant seul, à minuit, sur la dunette de son
vaisseau, et en plongeant son regard perçant dans les ténèbres, Colomb aperçut un feu qui se montrait et dis-
paraissait tour à tour, soit que ce fût la flamme d'un
foyer sur une plage basse, *découvert* et *dérobé* alternativement par l'horizon ondoyant des grandes lames, soit
que ce fût le fanal flottant d'un canot de pêcheur, tour à
tour *élevé* et *englouti* dans le creux des vagues. Ainsi la
terre et la vie apparurent à la fois à Colomb, sous la forme
du feu, dans la nuit du 11 au 12 octobre 1492.

132ᵉ Exercice.

Faites le même travail que sur les trois exercices précédents.

D'où vous est *venu* cette jolie feuille de papier, si
blanche, si légère, et cependant si solide, sur laquelle
votre plume a fixé d'une manière durable les caractères
de l'écriture? Vous ne le devineriez pas. Cette jolie feuille
est *fait* avec des chiffons *ramassé* dans la rue. Voici comment on s'y prend pour les convertir en papier. De pauvres gens *appelé* chiffonniers, cherchent les chiffons dans
les ordures. Ils portent sur le dos une petite hotte qu'ils
remplissent, et ils sont *armé* d'un crochet de fer *emman-*
ché d'un bâton. On trie et on divise en cinq ou six qualités les chiffons *apporté* à la fabrique. Les femmes *chargé*
de ce soin doivent détruire toutes les coutures, après avoir
lavé et lessivé les chiffons pour enlever les graisses. L'ef-
filochage, ou division des chiffons, se fait par un long séjour dans l'eau et dans un lieu humide, et, après cette
macération, par des coups *redoublé* au moyen de lourds
marteaux qu'une machine à vapeur ou un cours d'eau
fait mouvoir. Dans les nouvelles papeteries on se sert de

cylindres *armé* de lames d'acier. D'autres lames sont *fixé* sur un billot immobile. Les cylindres tournent de manière que leurs lames croisent les lames du billot. Le chiffon qui y passe en sort *déchiré* et *effiloché*.

§ 270-276.

133ᵉ Exercice.

Faites accorder, quand il y a lieu, les participes passés contenus dans cet exercice.

Jeanne d'Arc avait *accompli* sa mission et *exécuté* les ordres du roi. Ce prince, qu'elle avait *conjuré* à genoux de lui permettre de se retirer, n'avait pas *voulu* y consentir. Il avait trop bien *reconnu* quelle ardeur la présence de Jeanne avait *communiqué* aux troupes, pour se priver de son secours. Cependant, les progrès rapides que Charles VII avait *fait*, et le sacre qu'il avait *reçu* dans la ville de Reims, avaient *augmenté* le nombre de ses partisans, et les assurances de soumission que lui avaient *apporté* les villes les plus importantes, lui donnaient l'espoir de reconquérir prochainement tout son royaume.

Sur ces entrefaites, Jeanne, *forcé* de reprendre les armes pour obéir à son roi, fut *fait* prisonnière par les Anglais, et *condamné* au dernier supplice, après une procédure dans laquelle on avait *entassé* mensonges sur mensonges. Tous les récits que les contemporains nous ont *laissé* sur sa mort nous la montrent aussi courageuse sur le bûcher qu'elle l'avait été sur le champ de bataille, et la flétrissure que sa condamnation a *imprimé* à ses juges sera éternelle.

134ᵉ Exercice.

Faites le même travail que sur l'exercice précédent.

L'enfant deviendra un jour un homme robuste de corps et d'esprit, si l'éducation que lui auront *donné* ses parents dès le berceau a été intelligente et bien *dirigé*, si les soins dont il aura été l'objet ont été habilement *ménagé*, si enfin on n'a été ni trop prompt ni trop lent à en faire un homme. Ses mains, que n'auront pas *déformé* prématurément de durs outils, prendront de justes proportions ; ses épaules, que n'auront pas *chargé* trop tôt de lourds fardeaux, ne seront pas *déprimé*. Ses cheveux blonds ou noirs, que n'auront pas ridiculement *lissé* ou *empâté* de dangereux cosmétiques, flotteront soyeux et luisants au gré des vents ; sa peau, que le chaud soleil d'août et le froid mordant de l'hiver auront *éprouvé* et *affermi*, ne se gercera pas aux moindres variations de l'air.

Ses forces morales, qu'auront énergiquement *trempé* ses forces physiques, l'aideront à supporter ces mille contrariétés dont est *semé* l'existence de l'homme. Les rides, qu'ont *tracé* prématurément sur le front des faibles leurs inquiétudes ou leurs terreurs, n'auront pas chez lui *devancé* la vieillesse. Il sera brave, parce qu'il sera confiant en lui-même ; il sera bon, parce qu'une telle éducation l'aura *rendu* généreux et exempt d'égoïsme ; il sera heureux, parce que le bonheur a *fait*, dit-on, son domicile favori en celui qui réunit ces deux précieux avantages : une âme saine et un corps sain.

§ 270-277.

135° Exercice.

Faites le même travail que sur les exercices précédents.

Est-il besoin de rappeler tous les faits glorieux qui ont *illustré* le règne de Henri IV ? Dirai-je toutes les difficultés qu'il a *surmonté*, toutes les trahisons qu'il a *déjoué*, tous les ennemis qu'il a *vaincu*, toutes les villes qu'il a *pris* par force et par habileté avant de monter sur le trône ? Et une fois *entré* dans sa capitale et *reconnu* roi par tous ses sujets, quelle application n'a-t-il pas *mis* à réparer tous les maux de la guerre civile? Quelle heureuse économie n'a-t-il pas *introduit* dans l'administration des finances, *livré* autrefois à d'indignes favoris? Quels encouragements n'a-t-il pas *prodigué* à l'industrie et à l'agriculture! Sans doute, il y a eu des conquérants plus célèbres, et l'on ne peut pas dire de lui ce que Cicéron a *dit* de César, qu'il a *soumis* plus de contrées qu'aucun voyageur n'en a *parcouru;* mais est-il un roi qui ait été plus *regretté* de ses sujets, dont la mort ait *fait* couler plus de larmes? Non-seulement la France, disait un contemporain, mais l'Europe entière en a *gémi;* car elle a *perdu* en lui le seul souverain qui fût capable d'arrêter les projets ambitieux de la maison d'Autriche.

§ 270-278.

136ᵉ Exercice.

Faites le même travail que sur les exercices précédents.

Vainement les rois qui s'étaient *succédé* sur le trône de Perse depuis Darius, s'étaient-ils *efforcé* de soumettre la Grèce. Ils ne s'étaient *attiré* par leur ambition que des défaites flétrissantes, au lieu de la gloire qu'ils s'étaient *promis.* Non-seulement Xerxès s'était *vu forcé* de repasser sur un frêle esquif la mer que naguère il avait *couvert* de ses flottes nombreuses: mais bientôt ses provinces même avaient été *envahi,* et s'il s'était *hâté* de signer un traité honteux que lui avaient imposé les Grecs. C'était à cela qu'avaient abouti les brillantes espérances dont sa vanité s'était *bercé.* Ces événements si glorieux pour la Grèce, Hérodote y avait *assisté*, et quand les ennemis se furent *retiré* précipitamment du sol sacré de la patrie, il les raconta dans sa langue harmonieuse à tous les Grecs réunis aux jeux olympiques.

§ 279.

137ᵉ Exercice.

Faites le même travail que sur l'exercice précédent.

Les malheurs d'Ulysse sont connus par toute la terre. Quelle nation barbare ne les a pas *entendu* raconter ?

Ces courtisans, aujourd'hui si humbles et si abattus, ne les avons-nous pas *vu* triompher insolemment dans la prospérité, et insulter au malheur ?

Tous les arguments qu'il a *su* trouver pour défendre sa cause, sont plus spécieux que solides.

Tous les soldats que les généraux athéniens avaient *laissé* aller à terre, ne purent rejoindre à temps les vaisseaux et furent faits prisonniers.

Je ne sais quel attachement secret nous éprouvons pour les plantes et les arbres que nous avons *vu* pousser et grandir avec nous.

Quelle prodigieuse facilité que celle des deux avocats que j'ai *entendu* parler dans cette cause !

Hâtez-vous de réparer les fautes que vous reconnaissez avoir *commis*.

Une violente tempête a jeté à la côte deux embarcations ; toute la population les a *vu* périr, sans pouvoir sauver ceux qui les montaient.

CHAPITRE TROISIÈME.

EXERCICES SUR LA SYNTAXE DE SUBORDINATION.

1. — EMPLOI DU PARTICIPE.

§ 282.

138ᵉ Exercice.

Transcrivez les participes contenus dans cet exercice, et remplacez-les par les temps de l'indicatif ou du subjonctif auxquels ils correspondent.

Le cheval, emportant l'homme dans les combats, est une belle et noble conquête de l'intelligence; le dromadaire, traversant les déserts avec de lourds fardeaux, est une preuve incontestable de la prévoyance humaine; ces gigantesques et hardis navires couverts de voiles et mus par la vapeur disent également la supériorité du génie sur la matière et son habileté à la mettre en œuvre. La terre, l'eau et le feu, soumis à l'industriel ou au savant se plient docilement à sa volonté et se prêtent servilement à ses caprices.

Je demande un poëte aimable, proportionné au commun des hommes, cherchant tout pour eux et rien pour lui.

Je veux un homme me faisant oublier qu'il est auteur, et se mettant comme de plain-pied en conversation avec moi.

§ 283-284.

139ᵉ Exercice.

Transcrivez les participes contenus dans cet exercice, et indiquez s'ils se rapportent au sujet ou au régime d'un verbe, où ils sont *absolus*.

Un jour le roi, traversant ses grands appartements à une heure où les courtisans, encore dans les antichambres, attendaient le petit lever, vit une espèce d'ouvrier monté sur une échelle et cherchant à décrocher un lustre d'un grand prix. Cet homme si haut perché était en danger de tomber et de se casser le cou. Le prince, craignant pour cet homme, vint tenir le pied de l'échelle, en attendant que l'autre eût terminé son opération. « Je vous remercie beaucoup, dit l'ouvrier, ne reconnaissant nullement le roi. Vous m'avez rendu un bon office. » Puis, son lustre descendu et chargé sur ses épaules, il prit la première porte et disparut.

Or, ce singulier ouvrier n'était autre qu'un adroit voleur qui venait de se servir effrontément de l'aide du roi pour enlever un magnifique lustre d'argent massif.

Le grand prévôt, averti de cette affaire, voulut aussitôt mettre la police aux trousses du voleur. Le roi, prenant la chose en riant, dit alors : « Je m'en vais prier Monsieur le grand prévôt d'assoupir cette affaire ; car un pareil vol une fois accompli, ce ne sont pas seulement les coupables qui doivent être punis : il faut punir aussi les complices, et c'est moi qui ai tenu l'échelle. »

II. — EMPLOI DE L'INFINITIF.

§ 285.

140ᵉ Exercice.

Transcrivez les infinitifs contenus dans cet exercice, et indiquez les temps de l'indicatif ou du subjonctif auxquels ils correspondent

« Je parie, dis-je à l'abbé Cosson, que vous avez fait cent gaucheries à ce dîner. — Comment ! s'écria-t-il ; avant de m'entendre, vous me jugez. Il me semble, du reste, que j'ai fait comme tout le monde, et je pense n'avoir rien fait de mal. — Voyons, repris-je, avant de manger, que fîtes-vous ? — Mais, je fis comme tout le monde, j'attachai ma serviette à ma boutonnière. — Cela ne se fait plus, c'était sur vos genoux qu'il fallait l'étaler. Et

pour manger votre soupe, comment fîtes-vous ? — Je pris
ma cuiller d'une main et ma fourchette de l'autre. —
Votre fourchette, bon Dieu ! mais il est du bon ton de ne
plus s'en servir ; il fallait vous contenter de la cuiller. Et
après ? — On servit des œufs frais, je les mangeai, et....
— Et que fîtes-vous de la coquille ? — Parbleu ! vous ne
me croyez pas capable de l'avoir avalée : je la laissai là.
— Sans la casser ? — La casser ? — Oui, c'est du bon ton.
Et après ? — Je vis apporter le premier plat, et je priai le
maître de la maison de me servir du bouilli. — Ce n'est
pas du bouilli qu'il fallait dire, mais bien du bœuf. Et de
votre pain, qu'en fîtes-vous ? — Pour le manger, il fallait
bien le couper ; c'est ce que je fis le plus promptement possible. — On ne coupe pas son pain, mon cher ; on le casse.
Et enfin ? — Supposant avoir assez mangé, j'attendis
qu'on apportât le café. — Et comment le prîtes-vous ? —
J'espère bien cette fois l'avoir pris comme tout le monde ;
pour le boire à mon aise et sans me brûler, je le versai
peu à peu dans ma soucoupe et m'applaudis fort d'avoir
fait ainsi, car il était bouillant. — Eh ! bien, vous commîtes
une énorme bévue ; il fallait le laisser dans la tasse et le
boire ainsi, quand même vous vous seriez brûlé vingt
fois. »

Le pauvre abbé, qui croyait s'être comporté comme tout
le monde, resta confondu quand il fut convaincu de n'a-
voir fait comme personne.

§ 286.

141ᵉ Exercice.

Soulignez d'un trait simple les infinitifs contenus dans cet exercice,
et qui jouent le rôle de sujets, et d'un trait double les verbes
auxquels ils servent de sujet.

Penser peu, parler de tout ne douter de rien, s'expri-
mer heureusement, avoir une conversation légère et dé-
licate, savoir plaire sans se faire estimer, voler d'objets

en objets sans en approfondir aucun, cueillir rapidement toutes les fleurs et ne donner jamais aux fruits le temps de parvenir à maturité : c'est une faible peinture de ce qu'il a plu à notre siècle d'honorer du nom d'esprit.

142ᵉ Exercice.

Faites le même travail que sur l'exercice précédent.

Le Colimaçon.

Sans amis, comme sans famille,
Ici-bas vivre en étranger;
Se retirer dans sa coquille
Au signal du moindre danger;
S'aimer d'une amitié sans bornes;
De soi seul remplir sa maison;
En sortir suivant la saison,
Pour faire à son prochain les cornes;
Signaler ses pas destructeurs
Par les traces les plus impures;

. . . .

Enfin chez soi, comme en prison,
Veiller, de jour en jour plus triste,
C'est l'histoire de l'égoïste,
Et celle du colimaçon.

§ 287.

143ᵉ Exercice.

Transcrivez les infinitifs contenus dans cet exercice, et indiquez s'ils sont régimes d'un nom, d'un adjectif ou d'un verbe.

Les deux armées étaient également impatientes de combattre.

Désireux de revoir Ithaque sa patrie, sa femme Pénélope et son fils Télémaque, Ulysse obtint du roi des Phéaciens un navire qui devait le ramener dans son île.

Platon brûlait d'un vif désir de connaître les mœurs et les lois des Égyptiens.

Philippe, roi de Macédoine, fier d'avoir vaincu la Grèce liguée contre lui, se laissa aller, après la victoire de Chéronée, aux transports d'une joie insolente.

L'usage de brûler les morts n'était pas universel dans l'antiquité.

Nous ne serons pas prêts à entrer en campagne avant la fin de ce mois.

Quelquefois une crainte excessive de faire mal nous empêche de bien faire.

César était naturellement porté à pardonner.

§ 287-289.

144ᵉ Exercice.

Transcrivez les infinitifs contenus dans cet exercice qui sont régimes d'un verbe, et indiquez s'ils sont employés comme régimes directs ou comme régimes indirects.

Un jour, Diogène fut pris par les pirates qui le menèrent en Crète. Ils l'exposèrent au marché; il n'en fut pas plus chagrin, et il ne parut même pas se mettre en peine de son malheur. Il vit un certain Xéniade, bien gras et bien habillé : « On devrait me vendre à celui-ci, dit-il, car il doit avoir besoin d'un bon maître. » Comme Xéniade s'approchait, il lui dit : « Viens, enfant, viens marchander un homme. » On lui demanda ce qu'il savait faire, il répondit qu'il avait appris à commander aux hommes. « Héraut, dit-il, crie dans le marché, si quelqu'un a besoin d'un maître, qu'il se hâte de l'acheter. » Celui qui le vendait lui défendait de s'asseoir : « Qu'importe? dit Diogène; ne vois-tu pas acheter tous les jours des poissons, dans quelque posture qu'ils soient? et je m'étonne que l'on ne marchande pas même un couvercle de marmite sans l'avoir fait sonner pour connaître la qualité du métal, tandis que pour acheter un homme, on se contente de le regarder. » Quand le prix fut arrêté, il dit à Xéniade : « Quoique je sois à présent ton esclave, tu peux te disposer à faire ce que je voudrai ; car soit que je te serve de médecin ou d'intendant, il n'importe, tu seras forcé de m'obéir. »

III. — EMPLOI D'UNE CONJONCTION.

§ 290-291.

145ᵉ Exercice.

Soulignez les verbes subordonnés à la conjonction *que* contenus dans cet exercice.

Le roi donna hier audience à l'ambassadeur de Hollande. L'ambassadeur présenta sa lettre au roi, qui ne la lut pas ; mais alors il s'étendit fort sur les justifications qui y étaient contenues, disant que messieurs des États s'étaient examinés scrupuleusement pour voir ce qu'ils auraient pu faire qui déplût à Sa Majesté ; qu'ils n'avaient jamais manqué de respect, et que cependant ils entendaient dire que tout ce grand armement n'était fait que pour fondre sur eux ; qu'ils étaient prêts à satisfaire Sa Majesté dans tout ce qu'il lui plairait d'ordonner, et qu'ils la suppliaient de se souvenir des bontés que les rois ses prédécesseurs avaient eues pour eux, et auxquelles ils devaient toute leur grandeur. Le roi répondit qu'il savait qu'on excitait ses ennemis contre lui ; qu'il avait cru qu'il était de la prudence de ne pas se laisser surprendre, et que c'était là ce qui l'avait obligé de se rendre si puissant sur la mer et sur la terre, afin d'être en état de se défendre ; qu'il lui restait encore quelques ordres à donner, et qu'au printemps il ferait ce qu'il trouverait le plus avantageux pour sa gloire et pour le bien de son État. Il fit comprendre ensuite à l'ambassadeur, par un signe de tête, qu'il ne voulait point de réplique. La lettre s'est trouvée conforme au discours de l'ambassadeur, hormis qu'elle finissait par assurer Sa Majesté qu'ils feraient tout ce qu'elle ordonnerait, pourvu qu'il ne leur en coûtât point de se brouiller avec leurs alliés.

§ 290-293.

146ᵉ Exercice.

Mettez au mode indicatif ou au mode subjonctif, conformément à la règle, les verbes subordonnés à la conjonction *que* qui se trouvent dans cet exercice.

Fuyez la mollesse, le faste, la profusion ; mettez votre gloire dans la simplicité ; faites en sorte que vos vertus et vos bonnes actions (*être* — présent) les ornements de votre personne et de votre palais ; qu'elles (*être*—présent) la garde qui vous environne, et que tout le monde (*apprendre* — présent) de vous en quoi consiste le vrai honneur. N'oubliez jamais que les rois ne (*régner*—présent) point pour leur propre gloire, mais pour le bien des peuples, songez que le bien qu'ils font (*s'étendre* — présent) jusque dans les siècles les plus éloignés, et que les maux qu'ils font (*se multiplier*—présent) de génération en génération, jusqu'à la postérité la plus reculée. Souvenez-vous qu'un mauvais règne (*faire*—présent) quelquefois la calamité de plusieurs siècles ; surtout soyez en garde contre votre humeur ; considérez que c'(*être*— présent) un ennemi que vous porterez en vous jusqu'à la mort. Prenez garde qu'elle n'(*entrer* —présent) dans vos conseils et ne vous (*trahir*— présent), si vous l'écoutez. Pour moi, je ne crois pas qu'il y (*avoir*—présent) rien de plus préjudiciable aux grands intérêts que l'humeur ; elle fait décider les plus grandes affaires par les plus petites raisons. Craignez qu'elle n' (*obscurcir*—présent) votre talent, ne (*rabaisser*—présent) votre courage, ne vous (*rendre*—présent) inégal, faible, vil et insupportable. Défiez-vous de cet ennemi.

RÈGLE D'ATTRACTION.

§ 294.

147ᵉ Exercice.

Appliquez la règle d'attraction aux verbes subordonnés à la conjonction *que* qui se trouvent dans cet exercice.

Annibal, qui cherchait tous les moyens pour sortir du défilé où ses troupes se trouvaient engagées, s'arrêta enfin à celui-ci : il ordonna qu'on (*attacher*) aux cornes de deux mille bœufs des torches ou des fagots de sarments, et prescrivit qu'on les (*allumer*) à un moment donné. Ces dispositions ainsi prises, il fit en sorte que ces animaux (*être*) conduits en silence jusqu'auprès du camp des ennemis. Là il recommanda qu'on (*mettre*) le feu aux torches et qu'on (*pousser*) les bœufs en avant, ne doutant pas que dès l'instant que les flammes arriveraient aux parties vives de ces bêtes, elles ne les (*mettre*) en furie, qu'enfin elles ne se (*répandre*) parmi les ennemis épouvantés et ne les (*forcer*) à prendre la fuite sans combat.

§ 295-295.

148ᵉ Exercice.

Faites le même travail sur l'exercice précédent.

Pensez-vous que votre maître (*sortir*) ?

Je suis désolé que vous (*prendre*) hier la peine de venir.

Je ne bougerai pas d'ici que vous ne (*être*) venu

Le médecin avait recommandé qu'il (*garder*) le silence le plus absolu.

Je voudrais bien que vous (*venir*) m'aider.

J'exige que tu y (*faire*) attention une autre fois.

Je crains fort que cet enfant ne se (*blesser*).

On veut que j' (*avoir*) fini cette besogne pour midi.

Je prétends que cela (*devoir*) être toujours ainsi.

Aurait-on pu penser qu'il (*s'inquiéter*) si peu de ses propres affaires?

Vous a-t-on dit que ma mère (*être*) de retour?

Je ne dis pas que vous (*avoir*) tort.

Je n'aurais jamais imaginé que vous (*pouvoir*) venir à bout de ce cheval vicieux.

Je vois qu'il (*tenir*) bon.

Si je pensais qu'il (*tenir*) bon.

Je croyais, mon cher ami, que vous (*être*) malade

Si j'avais été certain que vous le (*être*), je serais venu.

Il est vrai que c'est vous qui (*avoir*) raison; mais il n'est pas prouvé que j' (*avoir*) tort.

IV. — EMPLOI D'UN RELATIF.

§ 296-298.

149° Exercice.

Mettez au mode prescrit par la règle les verbes subordonnés contenus dans cet exercice.

Je ne connais rien qui (*rafraîchir*) le sang comme d'avoir pu échapper à une mauvaise tentation.

Je n'ai jamais connu personne qui se (*croire*) parfaitement heureux.

Le plus grand ennemi que nous (*avoir*) à redouter, c'est souvent nous-mêmes.

Je ne pense pas qu'il y ait beaucoup d'hommes qui (*être*) parfaitement contents d'eux-mêmes.

Il faut se taire, ou dire des choses qui (*valoir*) mieux que le silence.

La meilleure consolatrice que nous (*pouvoir*) avoir, c'est l'étude.

Démosthène et Cicéron sont les orateurs les plus éloquents dont les noms nous (*être*) parvenus.

La plus belle récompense que l'homme (*obtenir*) ici-bas, c'est une conscience tranquille.

Je désire une campagne qui (*être*) éloignée de la ville.

V. — EMPLOI D'UN INTERROGATIF.

§ 299.

150ᵉ Exercice.

Mettez au mode prescrit par la règle les verbes subordonnés
contenus dans cet exercice.

Dis-moi qui tu (*hanter*), je te dirai qui tu (*être*)

Ne cherche pas qui (*pouvoir*) t'aider dans le malheur;
les ressources les plus sûres sont en toi.

Savez-vous qui (*veiller*) sur chacun de vous avec autant
de sollicitude?

On ne sait qui (*vivre*) ni qui (*mourir*).

Dites-moi qui (*être*) assez habile pour être toujours
heureux.

Ne lui demandez pas qui il (*être*); il ne se connaît pas
lui-même.

§ 299-300.

151ᵉ Exercice.

Soulignez d'un trait simple les pronoms interrogatifs, et d'un double
trait les pronoms, les adjectifs et les adverbes relatifs qui tiennent
lieu d'interrogatifs dans cet exercice.

ATHALIE.

Ne sait-on pas au moins quel pays est le vôtre?

JOAS.

Ce temple est mon pays; je n'en connais point d'autre.

ATHALIE.

Où dit-on que le sort vous a fait rencontrer?

JOAS.

Parmi des loups cruels prêts à me dévorer.

ATHALIE.

Qui vous mit dans ce temple?

JOAS.

                              Une femme inconnue,
Qui ne dit point son nom et qu'on n'a pas revue.

ATHALIE.

Mais de vos premiers ans quelles mains ont pris soin?

JOAS.

Dieu laissa-t-il jamais ses enfants au besoin?
Aux petits des oiseaux il donne la pâture,
Et sa bonté s'étend sur toute la nature.

.   .   .   .

ATHALIE.

.   .   .   .   .   Quel est tous les jours votre emploi?

JOAS.

J'adore le Seigneur, on m'explique sa loi.

.   .   .   .

ATHALIE.

Que vous dit cette loi?

JOAS.

                        Que Dieu veut être aimé,
Qu'il venge tôt ou tard son saint nom blasphémé.

ATHALIE.

Dieu veut-il qu'à toute heure on prie, on le contemple?

JOAS.

Tout profane exercice est banni de son temple.

ATHALIE.

Quels sont donc vos plaisirs?

JOAS.

                        Quelquefois à l'autel
Je présente au grand prêtre et l'encens et le sel,
J'entends chanter de Dieu les grandeurs infinies,
Je vois l'ordre pompeux de ses cérémonies.

TABLE DES MATIÈRES.

FIN DE LA TABLE.

PARIS. — TYPOGRAPHIE LAHURE

Rue de Fleurus, 9

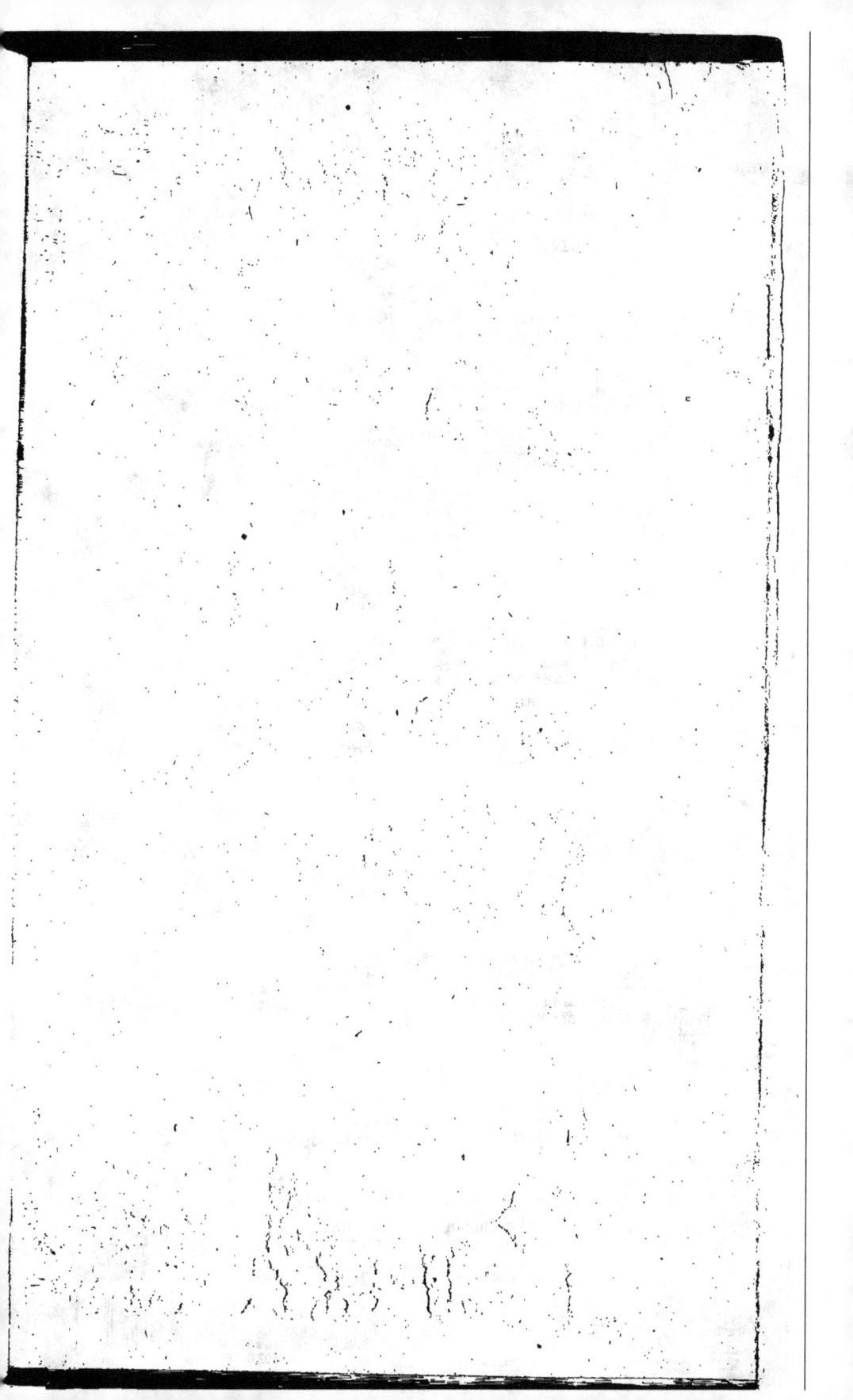

LIBRAIRIE H......
Boulevard Saint-.........

MÉTHODE UNIFORME
POUR L'ENSEIGNEMENT DES LANGUES
PAR E. SOMMER

Premières notions de grammaire générale ou Exposé des principes de Méthode uniforme, par E. Sommer. 1 vol. in-12, broché.

1° LANGUE FRANÇAISE

Abrégé de grammaire française, par E. Sommer. 1 vol. in-12, cart. 75 c.

Questionnaire sur l'Abrégé de grammaire française. 1 volume in-12, cart. 40 c.

Exercices sur l'Abrégé de grammaire française, par A. Castillon. In-12. 75 c.

Exercices sur l'analyse grammaticale et l'analyse logique, par .... najon. 1 vol. in-12, cart.

Cours complet de grammaire française, par E. Sommer. 1 vol. in-8.

Exercices sur le Cours complet de grammaire française, par F. de Parnajon. In-8.

2° LANGUES ÉTRANGÈRES

Abrégé de grammaire anglaise, par C. Fleming. 1 volume in-12, cartonné. 1 fr. 25.

Exercices sur l'Abrégé de grammaire anglaise, par C. Fleming. In-12. 1 fr. 25.

Exercices oraux de langue anglaise, par A. Beljame. 1 vol. in-12, cart. 1 fr. 25.

Cours complet de grammaire anglaise, par C. Fleming. 1 v. in-8, cart. 3 fr.

Exercices sur le Cours complet de grammaire anglaise, par M. A. Beljame. In-8, cart. 3 fr.

Abrégé de grammaire allemande, par A. Desfeuilles. In-12, cart.

Exercices sur l'Abrégé de grammaire allemande, par A. Desfeuilles. 1 vol. in-12, cart.

Abrégé de grammaire italienne, par P. Paoli. 1 vol. in-12, cart.

Exercices sur l'Abrégé de grammaire italienne, par C. I. Rapelli. In-12.

Abrégé de grammaire espagnole, par Hernandez. 1 v. in-12, cart.

Cours complet de grammaire espagnole, par P. Hernandez. In-8.

3° LANGUES ANCIENNES

Abrégé de grammaire latine, par E. Sommer. 1 vol. in-12, cart. 1 fr. 25.

Questionnaire sur l'Abrégé de grammaire latine. 1 vol. in-12, cart. 50 c.

Exercices sur l'Abrégé de grammaire latine, par F. de Parnajon. In-12. 1 fr. 25.

Cours complet de grammaire latine, par E. Sommer. 1 v. in-8, cart. 2 fr. 50.

Exercices sur le Cours complet de grammaire latine, par F. de Parnajon. 1 vol. in-8. 2 fr. 50.

Cours de versions latines, 1re partie, à l'usage des classes de huitième et de septième. 1 vol. in-12, cart. 1 fr.

Cours de versions latines, 2e partie, à l'usage des classes de sixième et de cinquième. In-12.

Cours de thèmes latins, par F. de Parnajon. 1 vol. in-12, cart. 1 fr. 50.

Abrégé de grammaire grecque, par Sommer. 1 vol. in-12, cart.

Questionnaire sur l'Abrégé de grammaire grecque. 1 vol. in-12.

Exercices sur l'Abrégé de grammaire grecque, par F. de Parnajon. In-12.

Cours de versions grecques, à l'usage des classes de sixième et de cinquième. In-12.

Cours de versions grecques, à l'usage des classes de cinquième et de quatrième. In-12, cart.

Cours de thèmes grecs, par F. de Parnajon. 1 vol. in-12, cart.

Cours complet de grammaire grecque, par E. Sommer. 1 vol. in-8.

Exercices sur le Cours complet de grammaire grecque, par F. de Parnajon. In-8, cart.

DES CORRIGÉS ONT ÉTÉ PUBLIÉS POUR CHACUN DES VOLUMES D'EXERCICES DE VERSIONS ET DE THÈMES.

Typographie Lahure, rue de Fleurus, 9, à Paris

www.ingramcontent.com/pod-product-compliance
Lightning Source LLC
Chambersburg PA
CBHW052042270326

41931CB00012B/2602